特斯拉自传

〔美〕特斯拉⊙著

余 杰 杨 超⊙译

台海出版社

图书在版编目（CIP）数据

特斯拉自传 /（美）特斯拉著；余杰，杨超译 . -- 北京：台海出版社，2018.9
ISBN 978-7-5168-2062-9

Ⅰ . ①特… Ⅱ . ①特… ②余… ③杨… Ⅲ . ①特斯拉（Tesla, Nikola 1856-1943）— 自传 Ⅳ . ① K837.126.1

中国版本图书馆 CIP 数据核字 (2018) 第 186792 号

特斯拉自传

著　　者：〔美〕特斯拉	译　　者：余 杰　杨 超
责任编辑：武　波　员晓博	装帧设计：同人阁文化传媒 · 书装设计
版式设计：同人阁文化传媒 · 书装设计	责任印制：蔡　旭

出版发行：台海出版社
地　　址：北京市东城区景山东街 20 号　　邮政编码：100009
电　　话：010 — 64041652（发行，邮购）
传　　真：010 — 84045799（总编室）
网　　址：www.taimeng.org.cn/thcbs/default.htm
E-mail：thcbs@126.com
经　　销：全国各地新华书店
印　　刷：三河市宏顺兴印刷有限公司

本书如有破损、缺页、装订错误，请与本社联系调换

开　　本：710mm × 1000mm	1/16
字　　数：164 千字	印　　张：11.75
版　　次：2018 年 11 月第 1 版	印　　次：2018 年 11 月第 1 次印刷
书　　号：ISBN 978-7-5168-2062-9	
定　　价：28.80 元	

版权所有　　翻印必究

目 录

第一章　我的童年 …………………………………………… 1
第二章　不寻常的经历 ……………………………………… 13
第三章　旋转磁场 …………………………………………… 25
第四章　特斯拉线圈和变压器 ……………………………… 37
第五章　影响命运的事件 …………………………………… 50
第六章　放大发射机 ………………………………………… 66

附 录 ……………………………………………………… 83
　　电动汽车——关于未来动力的看法 ………………… 83
　　飞机的小小进步 ………………………………………… 86
　　尤因高频交流发电机与帕森斯蒸汽机 ……………… 88
　　论无线电力传输 ………………………………………… 90
　　关于J.P.摩根函 ………………………………………… 92
　　展望未来 ………………………………………………… 96
　　电力发展及未来奇迹 …………………………………… 98
　　回复爱迪生 ……………………………………………… 102

宇宙射线 ………………………………………………………… 105
无线电力传输 …………………………………………………… 108
增长人类能量的问题 …………………………………………… 119
电气照明的危险 ………………………………………………… 173

第一章　我的童年

　　人类进步的关键在于发明，这是人类富有创造力的大脑最重要的产物。发明的终极目的是彻底征服物质世界，利用自然力量来满足人类需求。这是常常遭人误解、付出没有回报的发明家们的艰巨任务。但是发明家们在愉快的能力训练以及作为极特殊阶层一分子的感受中，得到了巨大补偿。没有这个极特殊阶层，这场较量早就在与残酷的自然力量的艰苦斗争中结束了。以我来说，我所获得的这种美妙享受已超出了我的最高估计；这种享受源源不断，有很多年，我的生活可以说时时充满狂喜。大家都认为我是最勤奋的员工之一，也许我是，如果思考也算劳动的话，因为我的工作时间几乎全部用来思考了。但如果工作是指在特定时间内按照僵化的规则做明确的任务，那么我可能会是最懈怠的员工。

　　被迫做的每件事都是消耗生命能量。我从未付出这样的代价。相反，思考使我充满活力。我试图在这本自传中连贯而忠实地描述我的事迹，因此我不管多么不情愿，都必须仔细回想青年时期的印象，以及对我决定职业有重要影响的外部环境和事件。我们最初的努力纯粹是本能地被生动而无拘无束的想象力驱使。随着年龄增长，理性占据主导，我们的发明也越来越富有系统性和设计性。那些早期的冲动虽然没有立刻结出硕果，但却标志着伟大的时刻，并且可能塑造了我们的命运。的确，我现在认为如果当初我能够理解并培养那些想法而不是遏制它们，我留给世界的遗产会更有价值。

但是直到成年，我才意识到自己是一个发明家。这有许多原因。首要的原因是，我有一个天赋异禀的哥哥，他的过人天赋是生物学研究都无法解释的一种罕见的智力现象。他英年早逝令我的凡人父母从此郁郁寡欢。我们有一匹马，是一位亲爱的朋友赠送的。它是一匹漂亮的有阿拉伯马血统的马，几乎可以达到人类的智力，曾有一次在十分危急的情况下，救了我亲爱的父亲，我们一家人都照料它，宠爱它。

有一个冬天的晚上，我父亲被召去执行一件紧急任务，从山上经过时有狼群出没，马受惊狂奔，将我父亲重重摔在了地上。马到家时，身上流着血，精疲力竭，但向我们发过警报后，便立刻奔回了事发地。当搜救人员还在半路、离事发地很远时，便遇到了我父亲，他没有意识到自己已经在雪地里躺了几个小时，醒来后又再次上了马。这匹马使我哥哥受伤而亡。我目睹了那悲惨的一幕，尽管这么多年过去了，那一幕仍然如在眼前。回想起他的那些成就，我的任何努力都黯然失色了。我所做的一切只会让我父母更加敏感地意识到他们的损失。所以我在成长过程中对自己并没有什么信心。

但如果从一件我仍然记忆深刻的事情来判断，我在人们眼中也绝不是一个愚蠢的孩子。一天，市参议员们从街上经过，我正和别的男孩一起玩耍。这些德高望重的先生中最年长的那位是个有钱人，他停下来给我们每个人都发一枚银币。走到我跟前时，他突然停下，命令道："看着我的眼睛。"我与他对视，并伸手去接那枚宝贵的硬币，但令我沮丧的是，他说："没有了，没有那么多；你什么都得不到了。你太聪明了。"他们经常讲一件关于我的趣事。我有两位年老的姑姑，满脸皱纹，其中一位有两颗牙齿向外突出，就像大象的两根獠牙，她每次亲吻我时，两颗牙便会埋入我的脸颊。没有什么比起想到这些热情又无魅力的亲戚让我更恐惧了。一次母亲抱着我时，他们问我两个人中谁比较漂亮，我仔细打量过她们的脸后，指着其中一个思虑周全地说道："这个没有那个丑。"

我出生后，家人便想要我从事牧师这一职业，这个想法时时压迫着我。我想当一名工程师，但我父亲很固执。他是一名军官的儿子，他的父亲曾任职于拿破仑军队，他的哥哥在一所著名学府任数学教授，他和他的哥哥都接受过军事教育；但令人难以理解的是，他后来做了牧师，并且获得了很高的地位。他是一位非常博学的人，一位真正天生的哲学家、诗人和作家，据说，他的布道像亚拉伯罕·阿·桑克塔·克拉拉[1]一样流畅。他拥有惊人的记忆力，常常用多种语言背诵大段名著。他经常开玩笑说，如果这些经典部分遗失了的话，他可以修复。他的写作风格广受称赞，句子简明扼要，饱含智慧，充满讽刺。

特斯拉出生地其父亲担任牧师的教堂

---

[1] 亚拉伯罕·阿·桑克塔·克拉拉是一位德国牧师。他的语言朴实而富有感染力，人们常常蜂拥而至听他布道。

他幽默的话语总是特色鲜明，令人耳目一新。我举一两个例子。在农场附近帮忙干活的雇工中有一个人叫梅恩，是个斗鸡眼。一天，他在劈柴。当他挥舞斧头时，我父亲站在跟前便觉得很不舒服，于是警告他："梅恩，看在上帝的份上，不要劈你看着的东西，劈你要劈的东西。"

还有一次，他驾车出去，一位朋友粗心地让用他贵重的皮毛外套擦车轮。我父亲提醒他："拿走你的外套，你在毁我的车胎。"他有一个奇怪的习惯，喜欢自言自语，并且经常改变语调和自己进行生动的对话，沉浸在激烈的争论中。如果不仔细听，一定会以为屋里面有好几个人在说话。尽管我身上具有的创造力要归于母亲对我的影响，但是父亲对我的训练肯定是十分有用的。它包含各种训练——例如，猜彼此的想法，发现一些表达方式的漏洞，重复长句或者进行心算。这些日常功课旨在增强我的记忆力和推理能力，特别是批判性思维，无疑是很有益的。我母亲出生于村里最古老的家族之一，家族中出过许多发明家。她的父亲和祖父发明了许多用于日常的、农业的以及其他用途的工具。她是一位真正伟大的女性，拥有罕见的技能、勇气和毅力，勇敢面对生活中的暴风雨，经历了许多困难。她16岁时，一场可怕的瘟疫席卷了整个村子。她父亲被叫去为将死的人主持最后的圣礼，她便趁父亲不在的时候，独自跑去附近遭疾病侵袭的一户人家里帮忙。她给每具尸体沐浴、穿衣，将它们摆好，按照村里的习俗用花朵进行装饰，当她父亲回来的时候，发现一切已经准备好，就等着去教堂举行葬礼了。

我母亲是一位十分出色的发明家，我相信若不是远离现代生活和现代社会中大量的机会，她会有非常伟大的成就。她发明、制造了各种各样的工具和装置，并用纺的线织成精美的图案。她甚至自己播种、栽植物、分离纤维，从早忙到晚，不知疲倦，家里人的穿戴大多都出自她的双手。她过了60岁后，手指仍然灵活得可以在眼睫毛上打三个结。我这迟来的觉醒，还有一个更为重要的原因。童年时，因为眼前总出现一些影像，令我饱受痛苦，而且常常伴随着闪烁的强光，

特斯拉出生地内景

令我看不清真实的东西，思想和行动也受到阻碍。这些影像是一些关于我曾经见过的事物或场景的画面，从来没有过想象的画面影像。别人对我说一个词语，它所指代的物体形象便会生动地出现在我的眼前。有时，我实在无法分辨我看到的东西是否真实存在。这令我极为不适和不安。我咨询过的心理学和生理学专业的学生，没有一个能够对这些现象给一个令我满意的解释。尽管我很可能有这种疾病的先天倾向，因为我知道我的哥哥有过相似的困扰，但这些现象似乎是独特的。我想它的原理是，在高度兴奋的状态下大脑中的影像反射到了视网膜上。它们当然不是大脑发生病变或痛苦时产生的那类幻觉，因为大脑在其他的方面是正常的、镇静的。为了让大家了解那是一种什么样的痛苦，假设我目睹了一场丧礼或者某个这种令人极为痛苦的场景。接着，在寂静的晚上，关于这个场景的生动画面必然会出现在我眼前，不论我怎样努力，始终挥之不去。如果我的解释是正确的，那么便应该能够将一个人所想到的任何物体的影像投射到一个屏幕上，并令它可见。它的实现将使人际关系发生革命性的变化，我认为这个奇迹能够实现，而且就在不远的将来。补充一点，关于这个问题的实现方案，我已经思考了很多。

关于特斯拉出生地克罗地亚史密里安已知的最老照片（摄于1933年）

我已经能够将我脑海中出现的这样一幅画面反射到另一个房间另一个人的脑海中。为了使眼前不再出现这些折磨人的影像，我尝试将注意力集中在看到的其他事物上，通过这种方式，我常常可以得到短暂的解脱；但是想要得到解脱我就得不断召唤新的事物形象。不久，我就发现所有可供我差遣的东西都被用过了；我的"卷轴"好像到头了，因为我所见的世界太少了——只有我家中和周围的那些东西。当我第二次或第三次进行这些心理活动，来驱散眼前的影像时，它们便完全无效了。

于是，我本能地开始到我所了解的这个小世界之外远足，我看到了新的景象。这些景象最初非常模糊，而且当我试图将注意力集中在这些景象上时，它们便倏忽而逝了。这些景象慢慢变得清晰具体起来，最终变得像真实的事物一样具体。不久，我发现如果能将视野伸得越来越远，总能获得新的印象，我便能得到完全的平静，所以我开始旅行；当然，在我的脑海中旅行。每个晚上（有时是在白天），独自一人的时候，我便开始旅行——看陌生的地方、陌生的城市和陌生的国家；生活在那里，与那里的人们相遇、交友、熟识，不管多么难以置信，他们就像现实生活中的人一样让我感到亲切，他们的存在感同样强烈。直到大概17岁之前，我常常这样做，就在那时我开始认真地思考发明。接着，我高兴地发现我能够极其容易地将物体形象化。我不需要模型、图纸或者实验，在头脑中就能够把它们描绘得像真的一样。因此，我不知不觉中开始演变我所认为的这种将发明创意具体化的新方法，这本质上与纯粹的实验是相反的，在我看来，它极为快捷高效。

有人制造装置去验证一个粗糙的想法，可一旦投入实际操作，便发现总是被装置出现的各种细节问题牵住所有精力。他得不断进行改进和改造，注意力随之逐渐减退，反而忽略了最重要、最根本的原理。最后，他也可能会获得结果，但总是得不到最佳结果。我的方法则不同。我不会仓促投入实际工作。如果我有一个想法，会立刻开始在头脑中建构它，在头脑中对设备进行改造、改进和操作。对我来说，在头脑中运行涡轮还是在车间里测试它，这根本不重要。我甚至也能注意到它有没有失去平衡。采用什么方法都没有差别；结果都相同。这样我不需要触碰任何东西便能迅速改进完善一个想法。当我将发明中能想到的每一处可能改进的地方都改进后，看不到任何缺陷了，便将大脑的这一最终产物变成实物。我的装置总会像我设想的那样运转，实验的结果也与我所设想的完全一样。20年来，没有一次例外。怎么会有例外？工程、电力和机械等各方面的结果都正确。从可获得的理论数据到实际数据，几乎没有任何一项是无法预先检验的。将一个粗糙的想法付诸实践再逐步完善，我认为完全是浪费能源、金钱和时间。

无论如何，我早年遭受的痛苦得到了另一种补偿。连续不断的精神之旅锻炼了我的观察能力，使我能够发现重大真相。我发现在特殊且极少见的情况下，看见真实的景象后总会出现影像。每次我都忍不住去查找原始刺激的来源。不久，这几乎成了一种无意识的行为，我变得能轻而易举地将因果关联起来。很快，我吃惊地发现我的每个想法都是外界印象的暗示。不只是想法，我的所有行动都是对外界刺激的反应。随着时间的推移，我彻底明白我只不过是天生能够对感官刺激自动做出反应，进行相应的思考和行动。这种能力产生的实际结果就是遥控自动技术的发明，至今它的应用尚不理想。然而，它潜在的可能性终将显现出来。多年来，我一直在设计自控型自动装置，并且相信能够制造出行动如受理性控制的自动装置。从一定程度上说，它会在许多商业和工业部门引发革命。20岁左右时，我第一次凭借意志成功地使影像从眼前消失，但对我所提到的闪电却完全不能控制。也许，这些闪电是我有过的最奇怪、最难以解释的经历。通常，当我处于危险或令人痛苦的情形中时，或者极度兴奋时，这些闪电便会出现。有时，我看到自己周围的空气中充满熊熊燃烧的火舌。随着时间推移，火焰没有变弱，反而越来越旺，在我25岁左右时，火焰的强度似乎达到了顶点。

1883年在巴黎时，一家知名法国制造商邀请我参加一趟打猎之旅，我接受了邀请。长期局限在工厂里，新鲜的空气有一种神奇的作用，令我神清气爽。当天晚上回到市里后，我感觉大脑里面就像着火了。我变成了一个发光体，好像有一个小太阳在体内。整晚我都在冷敷饱受折磨的头。最终闪光的频率逐渐降低，强度也逐渐减弱，但过了三周多才完全消失。再次收到邀请时，我的答案只有一个大大的"不"字！

这些发光现象现在仍会时时出现，比如当我忽然想到一个新想法且它有种种开发的潜力时。但这些现象不再令我兴奋，光的强度也较弱了。当我闭上眼睛时，总会先看到单一的深蓝色背景，与晴朗无星的夜空并无二致。几秒后，视野变得生动起来，有无数绿片闪闪发光并排列成几层，向我靠近。接着，右侧出现一个由两组密布的平行线构成的漂亮图案，这两组平行线彼此成直角，线条颜色各种各样，但以黄色、绿色和金色为主。片刻之后，线条明亮起来，整个图案闪耀着密密麻麻、星星点点的亮光。这幅画面缓慢地划过视野，大概10秒后从左侧消失，留下一片难看而单调的灰色地面，一直持续到第二个阶段出现之前。每次入睡前，人或物体的图像便会在我眼前飞过。看到它们，我便知道就要失去意识了。如果这些图像没有出现，不肯前来，便意味着我要度过一个无眠之夜了。想象力在我童年中的作用，我会通过另一个奇怪的经历来说明。

我像大多数孩子一样喜欢跳跃，并强烈地希望能浮在空中。偶尔一阵满载氧气的强风从山上吹过来，使我的身体像软木塞似的轻飘起来，我便会在空中跳跃摇摆很久。这是一种十分愉快的感觉，后来当我不再这样自欺欺人后，那种失望的感觉也十分强烈。那段时间，我有许多奇怪的喜厌和习惯，有一些我可以追根溯源找到相关的外界印象，另一些则莫名其妙。我对妇女的耳环深恶痛绝，但另一些饰品，比如手链，不同款式我多少都会喜欢。一看到珍珠我就想要发脾气，但却对闪闪的水晶或者有锋利的边缘和数面平面的物体很着迷。除非有人用枪指着我，我是不会碰别人的头发的。看着桃子我会发烧，如果屋子里有一片樟脑，不论放在哪里，都会让我极不舒服。即使现在，我也不能对其中一些令我烦躁、冲动的东西无动于衷。当我把方形纸片撒落在装满液体的盘子里时，我总是感到嘴里有一种奇怪的、可怕的味道。我走路时数步数，吃饭时计算汤盘、咖啡杯和一份份食物中立方形东西的数目，否则便吃得不香。我的一切重复性行为或举动都要能被3整除，如果不是的话，我强迫症便会发作，需要重新做一遍，即使需要花费数个小时。一直到8岁之前，我的性格都很软弱、优柔寡断。我既没有勇气也没有力气去做一个坚定的决定。

我的感情来得汹涌澎湃，并且在两个极端之间不停变化。我的那些愿望很消耗力气，就像九头蛇的脑袋，要消耗数倍的能量。生与死的痛苦、宗教的恐惧，这些想法折磨着我。我对迷信深信不疑，时时生活在对恶魔、幽灵、食人魔以及其他黑暗中的邪恶怪物的恐惧中。接着，突然发生了一个重大变化，我的整个人生轨迹得以改变。

在所有东西中，我最喜欢书。我父亲有一间大藏书室。一得机会我便要一读为快。他不允许我看，一旦被他抓了现行，他会勃然大

СРПСКА КРАЉЕВСКА АКАДЕМИЈА

КОЈА ЈЕ ПОД ЗАШТИТОМ

ЊЕГОВА ВЕЛИЧАНСТВА КРАЉА

ПЕТРА II

ПРОГЛАСИЛА ЈЕ НА СВОМ СВЕЧАНОМ ГОДИШЊЕМ СКУПУ 7 МАРТА 1937 ГОДИНЕ

ГОСПОДИНА

Николу Теслу

ЗА ПРАВОГА ЧЛАНА АКАДЕМИЈЕ ПРИРОДНИХ НАУКА

Број 188.
7 марта 1937 године
У БЕОГРАДУ

塞尔维亚皇家学院颁予特斯拉永久成员证书

怒。他发现我偷偷阅读后，便将蜡烛藏了起来，不想我看坏眼睛。但我弄到一些牛油脂，做了灯芯，将油脂棒放在锡盒里，每到晚上我便捅开锁眼、板子，常常读到黎明，这时其他人都还在睡觉，我母亲已开始她日复一日的艰辛劳动。一次，我看到名为《阿奥菲》（阿巴之子）的一本书，是一本用塞尔维亚语翻译的著名匈牙利作家约西卡的书。

这本书不知为何唤醒了我沉睡的意志力，我开始练习自控。最初，我的决心像四月的雪一样在消融，但过了一阵克服了自己的不足后，我感到前所未有地快乐——按照意志行事的快乐。

随着时间流逝，这种强有力的精神训练已成为自然而然的事。起初，我不得不压制自己的各种愿望，但逐渐，我的愿望与意志力一致起来。经过几年这种训练之后，我已能够完全控制自己，有些嗜好足以毁灭一些意志力最强大的人，我也能够轻松掌控。在某个年纪时，我热衷上了赌博，令我父母极为担忧。坐下玩把牌对我是真正的快乐。我父亲生活极为克己自律，无法原谅我沉迷赌博中，毫无意义地浪费时间和金钱。我决心很强，然而人生观很糟。我对他说："不论什么时候，我高兴停就可以停下来，但是放弃我愿以天堂里的快乐来交换的东西值得吗？"他经常发火，瞧不上我，但我母亲却不同。她了解男人的性格，知道男人只能靠自己拯救自己。我记得一天下午，我已输掉了所有钱，正渴望着能再赌一把，她走过来给了我一卷钱说："去，好好玩吧，越早将家里的钱输光越好。我知道你会战胜赌瘾的。"她说得对。就在那一刻、就在那里，我战胜了赌瘾，唯一的遗憾是它并没有比其他的瘾强烈百倍。

我不仅仅是战胜了赌瘾，而且把它从我心里剔了出去，不剩一丝欲望了。从那时起，我对任何形式的赌博都像对剔牙一样无动于衷了。还有一个时期我抽烟很凶，以致健康堪忧。然后我的意志力便显现了，不只戒了烟，还废除了所有嗜好。很久之前，我患有心脏病，后来发现是每天早晨喝的那杯看似无辜的咖啡引起的。我立刻戒掉了咖啡，但得承认这并非易事。就这样，我将自己其他的习惯和嗜好也检查了一番并且悬崖勒马,不止保住了性命,还从被大多数人视为是苦行和牺牲的事情中得到了巨大的满足。从理工大学完成学业后,我精神完全崩溃,在疾病发作期间,我看到了许多奇怪的、令人难以置信的现象……

第二章　不寻常的经历

我将简短回顾一下这些不寻常的经历，因为心理学和生理学专业的学生可能会感兴趣，还因为这段痛苦的时期对我的心理发展及之后的工作具有极大的影响。但在回顾之前，有必要先讲一下此前我的生活环境和条件，也许其中可以找到一些关于这些经历的解释。从童年起，我便被迫将注意力集中于自身，使我饱受痛苦，但在我现在看来，却是因祸得福，因为它让我明白了内省对于生命健康具有不可估量的价值，内省是获得成功的一种方式。工作压力以及从各个渠道源源不断涌入我们潜意识的印象之流，令现代人的生存危机四伏。大多数人全神贯注地关注着外部世界，却完全忽视了自身所失去的东西。这是数百万生命夭折的首先原因。即便在注重保健的人当中，回避不存在的危险却忽视真实存在的危险也是常犯的错误。这种情形既然适用于个人，那么也多少适用于整个人类。

我并不总喜欢禁欲，但是我从目前的种种舒适的体验中得到了丰厚的回报。我讲一两个例子，只希望能令一些人转变观念听从我的告诫和信念。不久之前，我正要回旅馆，那是一个寒冷刺骨的晚上，地面很滑，没有出租车。距离我半个街区远，有一个男人跟在后面，显然像我一样急着赶回住处。突然我两脚跳了起来，同时脑海中划过一道闪光。我的神经对此做出反应，肌肉变得紧张起来。我翻转了180度后，两手着地。当那个陌生人赶上我时，我又开始走路，就像什么都没有发生过。"你多大了？"他疑惑地打量着我问道。"哦，差不多59岁了，"我回答道，"怎么了？"他说道："没什么，我只见过一只猫这样做，从来没见过人这样做。"大约一个月前，我想订购一副新眼镜，去看了一位眼科医生，他让我做了一些常规测试。结果他难以置信地看着我，因为我站在很远的地方就把最小的字母轻松地读了出来。但是我告诉他我已经年过六十，他吃惊地倒吸了一口气。我的朋友们常常会说我的西装简直像手套一样合体，却不知道我所有的衣服还是按照15年前的尺寸定做的，从来未变过。在这一时期内，我的体重也未变过一磅（1磅=0.45）。说到这里，我要讲一件好笑的事。

1885年冬，一天傍晚，爱迪生先生、爱德华·H.约翰逊、爱迪生照明公司董事长、巴彻勒先生、运营经理，还有我，一同走进了第五

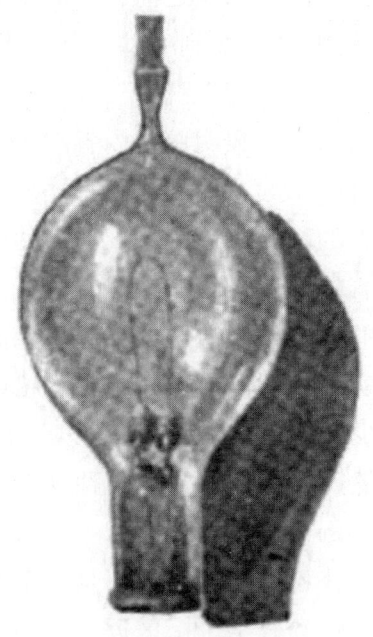

内有灯丝的特斯拉无线灯泡

这位伟大的发明家正凝视着他所发明的著名的无线电玻璃灯泡，在做一项有趣的研究

大道65号对面的一个小地方,公司的办公区在那里。有人提议猜猜大家的体重,我便被怂恿,站到了称上。爱迪生将我上上下下摸了一遍,说道:"特斯拉重152磅(1磅=0.45千克),差1盎司。"他猜得很准。我脱了衣服重142磅,到现在还是这么重。我小声地跟约翰逊先生说:"爱迪生猜的我的体重这么接近,怎么可能?"他压低声音说道:"我悄悄告诉你,但是你一定不能告诉其他人。他在芝加哥一家屠宰场工作过很长时间,每天给上万头猪称重。这就是他为什么能

各种特斯拉无线灯泡

第二章 不寻常的经历

猜得那么准。"

我的朋友昌西·M.杜普经常讲起一件事,他曾给一个英国人讲了他儿时的一件趣事,这个英国人听得一脸困惑,但是一年之后,这位英国人恍然大悟、大笑了起来。坦白地说,我花了更长时间才领悟了约翰逊讲的这个笑话。我现在的健康便是慎重的、规律的生活方式带来的,也许最让人吃惊的是,少年时期,我曾三次身患重病身体状况令人绝望而被医生放弃。比这更严重的是,因为无知和贪玩,我遭遇了各种磨难、危险、创伤,能够侥幸逃脱,简直像有魔法相助。我曾经差点被淹死、被活埋、被弄丢、被冻死。我逃过了疯狗、野猪和其他野兽的袭击,九死一生。我经受了可怕的疾病,遭遇了各种奇怪的灾祸,今天还能完好无损,简直是一个奇迹。但是当我回忆这些事情的时候,我总相信我能活下来并不完全是偶然,实在是有神力相助。发明家所做的事情本质上是救人。他利用各种力量,改进设备为人们的生活提供新的便利和舒适,实际上都是在增强我们生存的安全度。

在离我当时求学的城市不远的河上,有一家大型面粉厂,面粉厂的大坝横跨河上。通常水面只比大坝高两三英尺(1英尺=0.3048米),游过河去并不是一项危险的运动,我经常在那里玩。一天,我像往常一样独自去河里玩。然而游到离石坝还有一小段距离时,我惊恐地发现河水已经上涨,裹挟着我迅速向前。我试图游出去时,已经太晚了。不过,幸运的是,我双手抓住墙没有被卷走。我的胸部承受着巨大的压力,刚能将头伸出水面。我看不见一个人影,求救声被咆哮的水声淹没了。慢慢地,我逐渐筋疲力尽,再也无法承受这种压力。就在我打算放手、被冲抵在下面的岩石上时,我在一道闪光中看见一幅熟悉的液压原理图解,即流动液体的压力与受力面积的大小成正比,我自动转向左侧。就像施了魔术,压力减小了,在那个位置抵抗水流压力就比较容易了。但我仍面临着危险。尽管我已十分留意,但还是没有救援及时赶到,这样我迟早会被冲下去。我左右手并用,但当时还是一个左撇子,右臂臂力相对很弱。因此我不敢转向右侧休息,只能沿着大坝缓缓移动身体。我必须远离磨厂,那里的水流更急更深，我的脸都被冲得转向磨厂。那是一段漫长而痛苦的过程，因为被冲到了石坝最深处，我最后差点失败。我用尽最后一丝力气才爬上岸，上岸后，便昏了过去，人们在岸边发现了我。我左侧的皮肤几乎开裂了，几周后才退了烧，好起来。这只是我的许多经历中的一个，但也足以说明，如果不是因为具有发明者的本能，我就不会还活着在这里讲故事了。

一些人经常很感兴趣地问我，怎样开始发明的，何时开始发明的。关于这个问题，我只能据我父母的回忆来解答，我记得我的第一次尝试非常有野心，因为这次尝试包含着新装置和新方法的发明。新装置的发明是可以预期的，但新办法完全是原创。事情经过是这样的。我的一个小伙伴得到了一套渔具，在村里引起了不小轰动，第二天早上，所有小伙伴们都出发去抓青蛙。我因为和这个男孩吵了一架遭到孤立。我从未见过真正的鱼钩是什么样子，在我的想象中，那是一个神奇而特别的东西，不能成为团伙中的一员令我十分绝望。不得已，我不知从哪儿弄来了一根软铁丝，用石头把一端捶成了尖头，再把它弯成钩状，然后固定在一根结实的细绳上。我又砍了一根木棍，收集了一些诱饵，便朝着小河走去。那里青蛙很多，但我一只也抓不住。就在我几乎绝望之时，我忽然发现空荡荡的吊钩就在一只蹲在树桩上的青蛙面前晃荡。它的肚子缩了下去，但眼睛越来越鼓，然后开始充血，它的体积变为了正常体积的两倍，然后用力地咬住了吊钩，我立刻把它拉了上来。我尝试了一次又一次，证明这个方法十分可靠。而我的小伙伴们，虽然装备精良却一无所获，走到我跟前时，个个嫉妒不已。这个秘密我保守、独享了很长时间，但最终还是在圣诞精神[1]的感召下做出了让步。于是，每个男孩都学会了这个办法。第二年的夏天，对青蛙来说真是一场灾难。

---

[1] 圣诞节宣讲的是上帝对人类的大爱。圣诞的意义就是主动无私，与人分享，仁爱善良。真正的圣诞精神鼓励我们与有需要的人士，特别是贫困人士进行分享。查尔斯·狄更斯的名著《圣诞颂歌》，充分表达了圣诞精神就是分享，而不是守财奴般的斤斤计较与吝啬。

第二章 不寻常的经历

特斯拉出生地及其家里带茅草屋顶的畜棚

接下来的那次尝试,我似乎受到了第一次那种本能冲动的影响,这种冲动后来主宰了我,即利用自然能量为人类服务。这次我用的五月金龟子,或者美国人所说的六月腮金龟,在美国它是名副其实的宠物,有时,它们多得会把树枝压断。灌木上爬满黑压压的金龟子。我将四只系在一根横木上,横木放在一个细纺锤上,可以自由旋转,并且会将同样的运动传到一个大圆盘上,这样便可获得巨大的"威力"。这些金龟子效率极高,它们一旦开始便没有理由停下了,于是一个小时接一个小时地不停旋转,越热便转动得越快。在一个奇怪的男孩来此之前,一切都十分顺利。他的父亲是一名奥地利军队的退役军官。这个淘气鬼生吞五月金龟子,就像吃美味无比的蓝蚝。这令人反胃的一幕使我结束了在这个前景美好的领域里的活动,因为那件事,我从那以后再也不碰五月金龟子或者其他昆虫了。

美国尼亚加拉公羊岛上的特斯拉雕像

第二章　不寻常的经历

我想就是在这以后，我开始拆解、组装祖父的钟表。拆解我总能够成功，组装却常常失败。所以突然有一天祖父生气地走过来制止了我，等我再次开始摆弄钟表已经是30年后了。

在这之后不久，我又造起了玩具枪，由一根空心管、一个活塞和两颗大麻塞子组成。开枪时，将活塞抵住腹部，双手迅速将空心管向后推。塞子之间的空气被压缩、温度升高，接着其中一只塞子便砰的一声崩了出去。成功的诀窍在于选择一根锥形茎秆做空心管，我们花园里有许多。我很喜欢那支玩具枪，但家里的窗玻璃常常遭殃，因此大人们总是百般阻挠。

如果我记得没错，之后我又用随处可得的家具零件刻起了木剑。那时，我深受塞尔维亚爱国诗歌的影响，对英雄充满狂热的崇拜。我常常一连几小时砍杀我的敌人——玉米茎秆，因此毁坏了庄稼，被母亲打屁股。

需要说的是，这些发明虽然不够正式，但却是真正的发明。所有这些在我6岁前全被抛在身后了，那时我刚在当时居住的史密里安村读完小学一年级。趁着这个空当，我们搬到了附近的戈斯皮奇[1]小城。

这次搬家对我来说犹如一场灾难，离开了我们饲养的鸽子、小鸡、羊和那群雄赳赳的大鹅，令我十分伤心。那群大鹅每天随朝霞外出觅食，日暮则保持战斗队列归来，整齐的队形足以让现今最好的飞行员队列都赧颜。在新家，我只是一个站在百叶窗后打量陌生人的囚犯。我非常腼腆，宁愿对着一只咆哮的狮子，也不愿对着一个城里四处闲逛的花花公子。对我来说最为折磨的事情是周日要穿戴整齐去参加礼拜。在那里我遇到过一次意外，此后许多年，只要想起这件事，我的血液便会像酸奶一样凝固。那是我第二次在教堂里探险。不久前，我曾整晚被困在山上一年只去一次的古老的小教堂里，那里山路极其难走。那是一次可怕的经历，但这次更为可怕。

---

[1] 戈斯皮奇是克罗地亚西部的一个城市。

小镇有一位富有但喜爱排场的女士经常来教堂，每次都浓妆艳抹、穿着裙裾巨大的礼服，侍从们前拥后簇。一个周末，我刚在钟楼里敲完钟，急匆匆地冲下楼，这位衣着华丽的女士正趾高气扬地往外走，我便正巧跳落在了她的裙裾上。"啪啪啪"，就像新兵们进行步枪齐射时的声响，裙裾被扯掉了。我父亲气得脸色铁青，在我脸上轻轻拍了一巴掌，是他唯一打我的一次，但这一巴掌至今犹在脸上。伴随这一巴掌而来的尴尬与困惑我难以言述。我可以说遭到了小镇人们的排斥，后来又发生了一件事，才使我再次得到小镇人们的尊重。

一位富有魄力的年轻商人成立了消防部，然后购买了新消防车，给消防员们发放制服、进行业务和出警训练。红黑色喷漆的消防车非常漂亮。一天下午，消防车被运到河边，准备正式试用。人们全都跑出来观看这壮观的景象。在讲话和仪式全部结束后，有人下令抽水，但喷嘴里却没有流出一滴水。教授和专家们都没有找到问题的原因。当我到达时，现场已是一片"唏嘘"失望之声。我对消防车机制原理一无所知，气压知识也近乎为零，但本能的感觉是水中吸入胶管出了问题，而且发现胶管已经收缩了。我扎进河里将胶管打开，水便冲了出来，许多人的节日盛装都被弄湿了。阿基米德赤身裸体在锡拉库扎的大街上奔跑，用最大的声音高喊着"尤里卡！尤里卡！"[1]并不比我当时在人们眼中的形象更为伟大。我被人们举过肩头，成了那天的英雄。

家搬到城里后，在上实科中学前，我先读了四年所谓的示范学校。这四年，我仍然继续着种种孩子气的努力和探索，也制造了许多麻烦。其中，我还获得了村里捉乌鸦冠军这份独一无二的殊荣。我的方法步骤极为简单。我走进森林，躲进灌木丛，模仿乌鸦的叫声，通

---

[1] 相传叙拉古赫农王请阿基米德检验皇冠是否为纯金，但又不能破坏王冠。最初，阿基米德对这个问题无计可施。有一天，他在家里洗澡，坐进澡盆时，看到水往外溢，便突然想到可以用测定固体在水中排水量的办法来确定金冠的体积。他兴奋地跳出澡盆，连衣服都顾不上穿就跑了出去，大声喊着"尤里卡！尤里卡！""尤里卡"意即"有了，找到了"。

常会听到几声回应的叫声。片刻后，一只乌鸦便会飞进我身边的灌木丛。接下来，我要做的便是将一块硬纸板扔出去分散其注意力，然后在乌鸦从矮灌木丛脱身前跳起来将它抓住。用这个办法，想抓多少只都能抓到。但是有一次，发生的一件事令我对它们肃然起敬。当时我抓到了一对完美的乌鸦，正和一位朋友往家走。在我们离开森林的时候，成千上万只乌鸦聚集在一起并发出惊人的叫声。几分钟后，它们团团飞起，很快便将我们围住。这有趣的情景一直持续着，突然我后脑勺遭到啄击然后倒了下去。接着，我也赶快钻进了山洞，我的那位朋友早已躲了进去。

学校的教室里有一些机械模型引起了我的兴趣，于是我的注意力转到了水轮机上。我制造了许多水轮机而且不亦乐乎地操作着。有一件事可以说明我的生活多么不同寻常。我的伯父不喜欢我把业余时间用在这些事情上，不止一次指责我。我读过许多遍描写尼亚加拉大瀑布的一篇文章，非常吸引我，我在脑海中想象着由瀑布推动的巨大涡轮。我告诉叔叔，我要去美国，我要实现这个计划。30年后，在尼亚加拉所实施的正是我的设想[1]，大脑真是神秘而深不可测，令人惊叹。除此之外，我还制造了许多其他的发明和装置，其中劲弩最好。我的箭射出视线后几乎可以穿透一英尺厚的松板。不断拉弓使我肚子上的皮肤就像鳄鱼皮，我常常想我现在胃口好得甚至连鹅卵石都能消化，是不是要归因于这种练习！如果在古代的竞技场上，我的射击技艺会一鸣惊人，现在我也不能默默地表演我的技艺。我要讲一件我用这独特武器取得的功绩，我尽最大努力让读者相信这是真的。

---

[1] 1897年，举世闻名的尼亚加拉水电站建成，其中第一座10万匹马力的发电站成为35公里外的纽约州水牛城的主要供电来源。当时世界各地都在使用费用高昂的直流电，由于在电路上的损耗，使用直流电时必须每隔1公里建设一套发电机组。以直流电方式将电力输送至35公里以外的纽约州水牛城是不可能的。所以尼亚加拉水电站采用了特斯拉发明的交流供电、输电技术，用高压电实现了远距离供电。这项科学上的百年奇迹一共运用了特斯拉的9项专利发明，包括其所发明的交流电发电机和交流电输电技术。

尼亚加拉大瀑布发电站内特斯拉制造的西屋交流发电机

当时，我一边练习射击，一边与伯父沿河漫步。夕阳西下，鲑鱼戏水，时不时，一条鲑鱼跃入空中，银光闪闪的鱼身与一块突起的岩石形成鲜明对比。当然，任何一个男孩子看到这样有利的条件，可能早已去抓了一条鱼，但是我要做一件更有难度的事，我预先告诉了伯父我的计划，包括细枝末节：先用石头砸中鱼，将鱼拍在那块岩石上，再将其切为两段。话音刚落，这一切便完成了。伯父看着我几乎吓坏了，大声喊着："魔鬼，快滚开！"然而就在几天前，他就对着我大喊过这句话。我的其他记录，不管如何伟大，与此相比都相形见绌了。但是，我觉得我取得的这些桂冠，可以让我安心地躺1000年，高枕无忧。

第三章　旋转磁场

10岁时，我进入了一所新开办的、设施完善的实科中学[1]。物理系有各种经典的科学装置模型，既有电动的也有机械的。老师们经常做的各种演示和实验，令我十分着迷，无疑强烈激起了我的发明动机。我也热爱数学，计算速度很快，常常得到老师表扬。这是因为我获得了一种能力，可以将数字可视化并进行运算，这种可视化运算并非通常的直觉，而是像做实际运算一样。对一定难度的运算，不论把所有符号写在黑板上还是召唤到眼前进行，对我来说是完全一样的。但是花费数个小时手绘草图，却让我感到无比烦恼。这很奇怪，因为我的家人在这方面大多很擅长。也许我讨厌手绘草图只是因为不喜欢在思考的时候被打断。要不是有几个很笨的男生，什么都不会，我的成绩就是最差的了。

在当时的教育机制下，绘图是必修课，不善绘制草图是一大劣势。这一短板可能毁掉我的整个学生生涯，我父亲对要不要让我转班十分为难。在实科中学第二年时，我想通过稳定的气压产生持续运动，并沉迷其中。前面讲过的水泵事件引燃了我青春时期的想象力并

---

[1] 实科中学，德国教育体系中的一类中学。

使我对真空的无限可能印象深刻。我疯狂地想要利用这种取之不尽的能源，但是很长时间里我都是在黑暗中摸索。不过，我所有的努力都凝结在一件发明中，我要用它做的事是其他人从未尝试过的。想象在两个轴承上有一个可以自由转动的气缸，气缸一部分被十分契合的矩形水槽包围着。水槽开口的一面盖着一块隔板，这样圆柱体通过密闭的滑动结合便能将这个封闭的空间分为彼此完全隔离的两部分。其中一部分是密封的，空气已被彻底排尽，另一部分保持敞开，这样，气缸就会不停转动。至少，我是这样认为。

60岁时的尼古拉·特斯拉。这是这位伟大的发明家的一张肖像画，与其本人非常相像

第三章 旋转磁场

我制造了一个木质模型，小心翼翼地将其安装好，然后在一侧打气，确实观察到气缸有转动的倾向，令我欣喜若狂。我要做的事情正是实现机械力飞行，尽管回想起撑着一把伞从房顶上往下跳的糟糕经历，仍然令我气馁。过去，我每天都从空中飞到很远的地方，却不明白自己是如何做到的。现在我有了实物，一架飞行器，其实不过就是一个旋转轴、几扇扑翼和一个效力无穷的真空装置！从那时起每天我都要乘坐这架舒适豪华的飞行器在空中飞上一段，就像所罗门王似的。几年后，我才明白，大气压垂直作用于气缸表面，我所看到的轻微转动是空气泄漏造成的！我是渐渐明白这一点的，但仍然使我遭到沉重打击。患重病后，确切地说，是患20种重病后，我已难以完成实科中学的学业。我的境况如此绝望，医生们已经放弃为我治疗。这段时期，我获得许可可以经常去之前被忽视的公共图书馆借阅图书，同时被委以该馆图书分类和目录制作工作。

一天，有人递给我几本新文学书，这些书与我之前所读的都不同。我深深入了迷，完全忘记自己绝望的处境。这些是马克·吐温早期的作品，也许因为读了这些书，我竟然奇迹般地康复了。25年后，我遇到克莱门[1]先生，彼此结下友谊。我向他说起这段经历时，惊奇地看到这位伟大的作家笑出了眼泪……我到克罗地亚卡尔士达特市高级实科中学继续上学，我的一位姑妈住在这座城市。她是一位杰出的女士，丈夫是一名陆军上校、一名参加过许多战役的老将。我永远不会忘记在姑妈家度过的三年时光。战争时期的堡垒也没有那么严苛的纪律约束。我像一只被喂养的金丝雀。一日三餐规格很高，精心准备，分量却百分之一千地不足。姑妈切的火腿片薄如纸。每当那位上校想往我的盘子里多放一些食物时，姑妈便会很快拨开他的手，激动地说道："注意一些，尼可身子弱。"我那时胃口很大，就像坦塔勒

---

[1] 克莱门即马克·吐温，"马克·吐温"是其笔名，其真实姓名是萨缪尔·兰亨·克莱门（Samuel Langhorne Clemens）。

斯[1]一样忍饥挨饿。但是我生活在一种高雅的氛围和艺术品位中，在那样的年代和条件下非常难得。那一带为地势较低的湿地地区，尽管我吃了大量奎宁，疟疾也从未离开过我。偶尔，河水涨潮将大量老鼠冲进房屋内，东西都被破坏，连辣椒串也未幸免于难。这些害虫却使我有了不错的消遣。我用各种办法削弱老鼠队伍，使我赢得了社区里的抓鼠能手这项没什么可称羡的荣誉。不管怎样，我的课程终于完成了，痛苦结束了。我获得成人证的同时也站在了人生的十字路口。

马克·吐温的脸被特斯拉灯泡照亮了。克莱门先生（马克·吐温）的这张照片拍摄于1894年1月特斯拉实验室。灯泡亮了10分钟

---

[1] 坦塔勒斯，一位国王、帕罗普斯之父，因恶行在地狱遭受惩罚，站在水中却喝不到水，站在果树下却摘不到水果。

特斯拉发明的第一台感应电动机。这具模型具有重要历史意义，也是作者最早在美国电气工程师学会展示的两具模型之一

特斯拉最初制造的两相交流感应电机

那些年，父母从未动摇过让我从事牧师职业的决心，仅仅想到这一点便让我无比恐惧。我在物理教师的激励影响下，已经对电学产生了浓厚的兴趣。物理教师非常具有独创精神，经常用自己发明的装置演示各种原理。我想起其中有一个装置形状像灯泡，外面有锡箔涂层，可以自由旋转，与静电起电机相连后可以快速旋转。我无法恰当地描述我看到他展示这些奇妙的现象时所产生的强烈情感。每个印象在我的脑海中都有千百个回声。我想更多地了解这种神奇的力量；我渴望进行实验和调查并且听天由命顺从了那不可避免的灾难以及心脏病。就在我准备踏上回家的漫长归途时收到了父亲的消息，他希望我继续射击之旅。这是一个奇怪的要求，因为他总是反对我进行这类运动。但是没过几天得知家乡霍乱肆虐，我便不顾父母反对，借此机会回到了戈斯皮奇。这种灾祸每隔15至20年就光临村子一次，令人难以置信的是，人们对其原因竟然一无所知。他们认为致命病菌由空气传播，将空气弄得到处是刺鼻的烟味，与此同时，人们又在喝被感染的水，一个接一个地死去。我到达的第一天就感染了这可怕的疾病，虽然活了下来，但也在床上困了九个月，其间几乎一动都动不了。我的能量消耗殆尽，第二次站在了死神门口。

有一次病危期，人们都觉得我到了最后一刻，父亲冲了进来。我眼前仍会浮现出他当时用故作轻松的语调为我打气时苍白憔悴的面容。"如果你让我学工程的话，"我说道，"也许我会好起来。"他庄重地回答我："你会去世界上最好的技术院校学习！"我知道他是认真的。我心头的一个重担卸下了，多亏用一种特殊的豆子熬制的苦药水神奇地治愈了这种疾病，否则不知何时才能解脱。令所有人没有想到的是，我像拉扎勒斯[1]一样活了过来。父亲坚持让我做一年有益健康的户外体育锻炼，我极不情愿地答应了。这一学期大多数时候，我都带着捕猎用具和几本书在山上闲逛，与大自然接触使我体格更加强壮，头脑也更加灵活。我所思考、计划及构想的许多东西大多不可

---

[1] 拉扎勒斯（Lazarus），圣经中的麻风乞丐。

行。我的思路十分清晰，但对原理却知之有限。

其中一项发明，我计划通过海底管道，将信件和包裹装在一个足以承受水压的坚固球形容器中跨海运输。水泵经过了精确的计算和设计，用以将水抽进管道，其他所有部件也都经过精确计算。只有一个小细节掉以轻心了，但是无关紧要。我采取任意大小的水速，再将水速提高，于是通过准确无误的计算产生了惊人的效果。不过随后考虑管道对水流的阻力后，我决定将这项发明技术公开。

我的另一项设计是绕赤道建造一个环形物——当然它可以自由地飘动，受到反作用力也会停止旋转——这样便能够实现每小时大约1千英里的运行速度，而这是火车无法实现的。读者们会笑。我承认，这个计划难以实施，但纽约一位著名教授的计划更难实施。这位教授想把热带空气抽到温带，完全忘记上帝早已为此给了我们一个巨大的机器。

还有一项更为重要和有趣的计划，是从陆地生物的旋转动能中获取能量。我发现由于地球的周日运动[1]，其表面的物体也被带动着进行方向同样正反交替的平移运动，由此产生巨大的动量变化，通过最简单的方法便可利用其为世界上任何一个居住区提供动能。后来我发现我陷入了阿基米德的困境中，失望得无以言表，他在宇宙中寻找支点，却徒劳无果[2]。假期结束时，我被送到了奥地利施第里尔[3]的格拉茨理工大学，这是我父亲选中的一所最古老、最著名的学府。那是

---

[1] 周日运动亦称周日视运动，是描述地球上的观测者每天观测到天空上的天体明显的视运动状态，在近极区尤为明显。由于地球绕轴自转，使得（在观测者眼中）所有天体都绕着这个轴（即北极星）作圆周运动，这个圆圈称周日圈，完成一圈运动需时23小时56分4.09秒（即一个恒星日）。而日月之东升西落也是周日运动之体现。

[2] 阿基米德（前287—前212年），伟大的古希腊哲学家、百科式科学家、数学家、物理学家、力学家，静态力学和流体静力学的奠基人，并且享有"力学之父"的美称，与高斯、牛顿并列为世界三大数学家。阿基米德曾说过："给我一个支点，我就能撬起整个地球。"

[3] 奥地利东南部的州。

我热切盼望已久的时刻，我在优良的氛围中开始求学，决心一定要成功。由于父亲的教导以及为我提供的机会，我之前得到的训练已超过平均水平。我掌握了多门语言，费力地读完了几所图书馆的书，多少获得了一些有用的知识。接着，人生第一次，我能够按照自己的意愿选择科目，手绘草图再也不会困扰我了。

我决心给父母一个惊喜，第一年一整年我每天凌晨3点开始学习，一直学到晚上11点，星期天和假期也不例外。我的同学大多学习不努力，我自然令他们的成绩黯然失色。那一年我通过了9科考试，教授们认为我应该得的证书已超过了学校所能颁发的最高资格证书。带上他们奉承的话，我回家休了一个短假。我期待着凯旋而归的荣耀，但父亲对我来之不易的荣誉不屑一顾，令我十分羞愧，这几乎扼杀了我的志向。但是后来，在他去世后，我痛苦地发现了一包信件，是教授们写给他的，大意是如果他不把我从学院弄走，我会过劳而死。从那以后，我把主要精力都用在了学习物理、机械和数学上，课余时间都在图书馆度过。我有一个十足的怪癖，任何事情一旦开始就一定要将它完成，这常使我陷入麻烦。有一次，我开始阅读伏尔泰的作品，结果沮丧地发现竟有近百本用小号字体印刷的大部头著作，都是这个怪人边喝着咖啡边写下的，他平均每天要喝72杯黑咖啡。不得不看完了。但当我把最后一本书也放在一边后，我高兴极了，对自己说道："再也不看了！"

第一年的表现使我获得了几位教授的赏识，并和他们成为朋友。其中有教算术和几何的罗格纳教授、理论实验物理系主任珀施尔教授以及专门研究微分方程式的阿莱博士。这位科学家的课是我上过的最精彩的。他很关心我的进步，常常会在讲堂里留一两个小时，给一些问题让我解决，我十分乐意。我向他解释过我设想的飞行器，并非凭空的幻想，而是建立在声学和科学原理上的，我发明的涡轮机已经可以使它实现，它不久就会面世。罗格纳教授和珀施尔教授都对事物充满了好奇心。罗格纳教授表达观点的方式很独特，每次都会引起一阵骚乱，接着便是长时间令人尴尬的暂停。珀施尔教授是一个条理清晰、理由充足的德国人。他手大脚大，两只手像熊掌一般厚实，但他的实验操作十分精确，没有丝毫误差。第二学年时，我们收到了一台从巴黎寄来的格拉莫发电机，形状像一块U形磁铁，线绕电枢上装有一个整流器。通电后，便可展示电流的各种效应。这台发电机由电动机驱动，珀施尔教授做演示时，电刷出了故障，闪着剧烈的火花，我观察到不用这些电刷等东西也可以使电动机运转。但是珀施尔断言不

一台200马力的高压涡轮机

可能，并请我就此话题进行发言，最后他总结道："特斯拉先生也许可以实现许多伟大的想法，但绝不可能实现这一设想。这就如同将一种恒定的力，比如重力转变为转力一样不可能。这是永动机的设想，是无法实现的。"但人的本能比知识的力量更强大。毋庸置疑，我们有一些较为敏感的神经纤维使我们在大脑无法进行逻辑推理和其他意识活动的情况下明辨真理。

出于教授权威的震慑，我一度动摇，但很快便坚信自己是正确的，青春年少的我在火热的激情和无边的自信下展开了这项工作。我先在脑海中勾勒了一台直流发电机，让它运转，然后观察电枢中电流的变化。接着我又开始想象交流发电机的情形，用同样的方式研究其变化过程。然后，我开始构想由电动机和发电机组成的系统，并用各种方式进行操作。我看到的图像对我来说特别真实、形象。在格拉茨大学余下的日子，我都在进行这种不懈而徒劳的努力，最后，我几乎下了结论：这个问题是无法解决的。1880年，我去了波西米亚的布拉格，去实现我父亲寄予我的愿望，在那里的大学完成学业。正是在布拉格期间，由于将整流器与机器分离然后研究这方面的现象，我取得了明显的进展，但是仍然没有结果。第二年时，我的人生观突然有了改变。

我意识到我的父母一直以来为我做出了太多的牺牲，所以决心减轻他们的负担。当时，从美国兴起的电话潮流刚刚波及欧洲，匈牙利首都布达佩斯也决定安装电话系统。这是一个绝佳的机会，更难得的是公司领导是我们家人的一位朋友。就是在这里我的神经出现了我所说的完全崩溃的情形。我在生病期间的经历让所有人都难以置信。我的视觉和听力一直超乎常人，可以清楚看见远处别人看不到的东西。儿时，有几次我听见微弱的爆裂声，于是大声呼救，使在睡梦中的几家邻居免于火灾。1899年，我年过四十时，在科罗拉多进行实验，还能清楚听到550英里之外的雷声。因此，我的听力比普通人灵敏13倍。然而这时相比我神经紧张时期的灵敏听觉，简直可以说是个聋子。

第三章 旋转磁场

在布达佩斯，我可以听见与我隔着三个房间的钟表的嘀嗒声。苍蝇落在房间桌子上时，我会听见砰的一声闷响。几英里外，一辆马车经过的声音会将我震得整个身体晃起来。二三十英里外火车头发出的鸣笛声会惊得我要从椅子或凳子上掉下去，鼓膜痛得难以忍受。脚下的地面不断地震颤，我必须把床放在橡皮垫上才能够休息。远近传来的喧闹声，若不能将它们溶解在一起、越积越多地混在一起，便会常常如说话声一样惊吓到我。太阳的光线闪或被遮挡时，我便会头脑发昏，如遭到用力的棒击一样。从桥下或其他建筑下穿过时，我会感到一种要把头盖骨压碎的压力，因此我必须打起精神才能穿过去。在黑暗中，我有像蝙蝠一样的功能，可以通过前额上诡异的感觉，觉察到12英尺外某个物体的存在。我的脉搏每分钟跳动几次到260次不等，体内所有组织都在扭动、震颤，这恐怕是最让我难以忍受的事情。一位知名医生让我每天服用大剂量的溴化钾，并宣布我的病是没有见过的且无法治愈的。

那段时间没有生活在生理学和心理学专家的观察下，成了我永远的遗憾。我绝望地紧紧抓住生命之手，却从未期望过能够康复。谁会相信这样一个身体羸弱毫无希望的人会变得体力和韧性惊人地强大；能够工作38年且几乎没有一天间断，还发现自己依然身体强健、精神焕发？这正是我自身的情形。强烈的生的愿望和能够继续工作的渴望，还有一位运动员挚友真诚的帮助，共同实现了这个奇迹。我重获健康，解决问题时大脑也随之再次活力四射，我有些为这次的困难过快结束而遗憾了。我的精力如此过剩。在看待这次挑战时，我不是怀着所谓的决心。伴随着我的是一个神圣的宣誓，是一个是生还是死的问题。我知道如果失败了我的结局就是灭亡。现在我赢了这场战斗，制胜的方法在我的大脑深处，但是我还不知道如何表述出来。

一天下午，我和一位朋友在城市公园散步、吟诗，这个下午永远刻在我的记忆里。那个年纪，我能逐字背诵整本书，其中有一本是歌德的《浮士德》。太阳刚要下山，这情景让我想起那段光辉的文字：

"夕阳西斜，暮色四合，结束了一天的辛劳，即将开启对新的生活领域的探索。唉！可惜我没有可以用来追逐太阳的翅膀。一个辉煌的梦想啊！虽然现在这荣耀已褪色。唉！躯体的双翼，终究难以同精神的双翼为伴。"读着这段富有启迪的文字，一个想法如一道闪电闯进了我的大脑，我瞬间恍然大悟。我用木棍在沙上画了一张图表，这张图表六年后出现在我进入美国电气工程师学会前所住的家中，我当时的同伴对它十分熟悉。当时，我眼前的图像非常形象、真实，就像金属和石头做的一样坚固，所以我告诉他："这是电动机，看着，我把它转过来。"我完全无法形容那种感受。皮格马利翁看到自己的雕像有了生命时也不会比我现在更加激动。也许我意外发现了大自然的1000个秘密，但是我会穷尽终身去探索我排除万难、冒着生命危险才从大自然中发现的那个秘密……

第四章　特斯拉线圈和变压器

　　我一度沉迷在构想机器、设计新样式的强烈喜悦中。这是我生命中所体验过的精神上最完美的愉悦状态。各种想法接连不断地涌来，唯一的困难是当它们到来时，要迅速抓住它们。我所构想的设备，它们的每一处细节，甚至是小小的磨损痕迹，对我而言都十足真实、形象。我喜欢想象不停运转着的电动机，它们会在我脑海中呈现出令人赞叹的情景。当一个人的天性发展成强烈的愿望后，便会朝着目标飞速前进。不到两个月的时间里我几乎把这一系统中所有型号的电动机及其改进方法演绎了一番，这些电动机有些现在是属于我的专利，有些则在分布世界各地的其他人名下。身体发出命令使大脑暂停这种消耗能量的活动，也许是一件幸事。

　　我到布达佩斯起因于一篇关于电话公司的报道，命运真是讽刺，我只得在匈牙利政府的中央电报局中做了一名国际象棋员，薪水就不公开了，我视这为我的权利。幸运的是，我很快引起了总监的注意，随后便开始从事与各种新设备安装相关的计算、设计及评估工作，电话局成立后，我仍负责同样事务。在这份工作中获得的知识和实际经验是最为宝贵的，我得到大量机会锻炼自己的发明创造才能。我为中央电站的装置做了几处改进,使电话增音器的效果臻于完美,这项发明虽然从未申请专利或公开声明,但至今仍然要归功于我。组织这项工程的普斯卡斯先生,对我得力的帮助颇为赞赏,处理完布达佩斯的事务后,便向我提供了一份在巴黎的工作,我高兴地接受了。

特斯拉接收线圈清楚展示了普通白炽灯泡上的闪光

我永远不会忘记这座迷人的城市给我留下的深刻印象。到达后一连数天,我漫步在大街小巷,新奇的景象令我眼花缭乱。好东西数不胜数且令人无法抗拒,但悲哀的是,薪水刚到手就花光了。当普斯卡斯先生问我到新环境后过得怎么样时,我的回答准确描述了当时的处境:"这个月的后29天是最艰难的。"这29天我过着艰苦卓绝的生活,用现在的话说,叫"罗斯福式作风"。每天早晨,无论刮风下雨,我都要从圣马塞尔大道的住处跑到塞纳河边的游泳室里,扎进水

第四章　特斯拉线圈和变压器

里游27圈，然后步行1小时到公司工厂所在地伊夫里。7点半我和伐木工人们一起吃早餐，然后便期盼着午餐时间，同时还要为工厂经理查尔斯先生处理难题，他是爱迪生的挚友兼助手。在这里我要和几位美国人打交道，因为我高超的台球技能，他们都很爱和我在一起。我向他们介绍我的发明时，机械部班长D.坎宁安先生提议成立一家股份公司。这项提议在我看来好笑至极，我完全没去想他的话，只当作是美国人的一种做事方式，接下来什么都没有发生。不过随后几个月我一直在法国和德国各地之间奔波，解决发电厂故障。

特斯拉变压器，具有受重力控制的密封水银断流器

回到巴黎后，我向公司一位管理者拉乌先生提交了一份发电机改进计划书，并获准。我的改进计划全面成功，主管们非常满意，并准许了我盼望已久的特权——开发自动调节器。不久后，阿尔萨斯大区斯特拉斯堡市新建火车站安装的照明设备出了问题。因为接线问题发生短路，开幕式上一面墙被炸飞了一大半，这一幕就发生在

老威廉一世[1]的眼前。德国政府拒绝接收设备，法国公司面临惨重损失。[2]因为懂德语[3]，还有过去的经验，我被委以重任去摆平这些难题，1883年年初，我前往斯特拉斯堡执行任务。

在斯特拉斯堡发生的事，有一些在我的记忆中留下了难以磨灭的印象。真是奇妙的巧合，许多后来声望卓著的人当时都在那里住过。晚年时，我常常说："那个古老的小镇弥漫着使人变伟大的细菌。别人染上了这个病，我却躲过了。"处理实际事务，发布通信，与官员们一起出席各种会议，日夜忙个不停，刚能应付过来后，我便在火车站对面的机械车间着手制造简易电动机，从巴黎来时我便随身携带了所需的材料。然而，直到那年夏天，这个实验才圆满成功，我终于满意地看到了在没有滑动触点和整流器的情况下，由不同相位的交流电所产生的旋转，正如我一年前所设想的那样。这种喜悦真是美妙，但无法与初次恍然大悟时的那种狂喜相比。我的新朋友中有一位是前斯特拉斯堡市长绍钦先生，我已向他介绍过我的各项发明，他对我的各种支持我实在不胜枚举。他全心全意地支持我，并把我的项目拿到一些富人面前，但令我屈辱的是，却无人回应。他想尽各种可能的办法帮助我，现在马上就要到1917年7月1日了，正好让我想起从这位可爱的先生那里得到的一种"帮助"，虽然不是经济方面的，但依然让我感激。1870年德军入侵法国时，绍钦先生便将一大批分配物资——1801年的圣埃斯泰夫葡萄酒埋在了地下。他最后下结论：他认识的人中，没有人比我配得上这珍贵的佳酿。这件事是我所说的难忘的事情之一。朋友劝我尽快回巴黎，在巴黎寻找支持。我急切希望这样，但是遇到的各种各样的小不顺，使我的工作和谈判都受到了延误，有时

---

[1] 德皇威廉一世（1797年3月22日—1888年3月9日），1871年1月18日就任德意志帝国第一任皇帝。

[2] 斯特拉斯堡现属于法国领土。但是在历史上，德国和法国曾多次交替拥有对斯特拉斯堡的主权。文中所说的新建火车站照明设备事件发生时，斯特拉斯堡属于德国领土。

[3] 斯特拉斯堡方言为德语方言。

让人觉得没有希望。为了使大家了解德国人的周密和"效率",我讲一件特别好笑的经历。

当时要在走廊安装一盏16瓦的白炽灯,选好位置后,我令工人布线。他干了一会儿后,认为需要咨询工程师,咨询后,工程师提出了一些异议,但最后决定将灯泡安装在离我指定位置两英寸(1英寸=2.54厘米)的地方,工人又接着干活。这位工程师又开始担心了,告诉我应该通知一下检查员埃夫戴克。于是叫来了这位重要人士,他开始研究、探讨,然后决定将灯的位置往回移两英寸,这正是我标记的位置。但是,没过多久,埃夫戴克开始担忧,告诉我他已将此事告知质检督察劳尼姆斯,建议我等等他的决定。几天后质检督察忙完了其他紧迫事务,才有了空,但他最终还是过来了,讨论了两个小时后决定将灯的位置再移两英寸。我希望这是最后一次变动,然而,欧博检查员又走了回来,对我说:"凡克很挑剔,没有他明确赞同,我可不敢下令把灯装在这里。"我的希望便破灭了。于是,又开始安排这位大人物的到访。我们每天一大早便开始打扫、擦洗。凡克和其随行到来时,我们隆重地接待了他们。凡克到后,深思熟虑了两个小时,突然叫起来:"我必须走了!"一边指着天花板上的一个位置,令我把灯装在那里。这正是我最初选的位置啊!事情就这样一天天地来回变更,但我已经决定不论付出多大的代价,都要把它做成,我的努力最终得到了回报。

1884年春,该设备经调整已完全正常,被德国政府正式接收,我怀着美好的期盼返回巴黎。一位管理者曾许诺如果我能做成,便会给我丰厚的报酬。再加上我针对他们的发电机提出了许多合理的改进意见,所以期望能得到大笔报酬。有三位管理者,为方便起见,我分别用A、B、C来指代。我去拜见A,他告诉我决定权在B。B先生则认为只有C能决定,而C则十分肯定地说这件事由A一人决定。这样恶性循环了几圈,我感到报酬的事是海市蜃楼了。努力为发展集资却彻底遭到失败,也令我感到失望。这时,巴彻勒先生力劝我去美国重新设计

纽约的特斯拉街角

爱迪生的照明设备，我便决定去这个"希望之乡"[1]试试运气。但这个机会差点错失。我将可怜的资产由船托运，确定了住处，便去了火车站。然而火车驶出来的那一刻，我发现自己的钱和车票都不见了。该怎么办？赫拉克勒斯[2]有充足的时间思考怎么办，但是我只能一边

---

[1] The Land of Promise,来自《圣经》，意为乐土、福地、希望之乡。以色列人祖先亚伯拉罕由于虔敬上帝，上帝与之立约，其后裔将拥有"流奶与蜜之地"。

[2] 赫拉克勒斯，希腊神话中最伟大的英雄，完成了12项被誉为"不可能完成"的任务，但因为不甘心服从欧律斯透斯，他郁闷、疯狂了很久，才决心去完成欧律斯透斯交给的这12项任务。

跟着火车往前跑，一边做决定，而往回走的想法在我脑海中像振荡电容一样来回涌荡。关键时刻，继续前往的决心还是战胜了往回走的想法，当然也得靠我的机敏。在火车上经历了各种琐碎和不愉快的事，之后我带着剩下的东西，包括写的一些诗文、对一道无解的积分题和我的飞行器所做的一系列计算，启航前往纽约。航行途中，我大部分时间坐在船尾，以便关键时刻出手相救某位将会葬身大海的人，丝毫没考虑自身安危。后来，了解了一些实用的美国常识后，再想到自己过去的行为，我不寒而栗，惊异于自己之前的愚蠢。与爱迪生见面是我人生中一件难忘的事。这个了不起的人让我惊叹，他小时候并没有优越条件，也没有接受过系统训练，却取得了这么多的成就。我学过十几种语言，钻研过文学、艺术，把最好的时光都用在了在图书馆阅读各种各样的书，从牛顿的《原理》[1]到保罗·德·考克的小说都看过，感到大半人生被我荒废了。但不久我便意识到这是我当时能做的最好的事。我在几周之内便赢得了爱迪生的信任，其经过是这样的。

当时最快的客轮"俄勒冈州"号两个照明设备都瘫痪了，启航也遭延误。由于两个照明设备安装好后，又建了上层结构，无法将它们从镶板上取下来。当时的情形很紧急，爱迪生很头疼。那天傍晚我带着工具上了船，在那儿待了一夜。发电机状况很差，有几处短路和断线，但是在全体船员的帮助下，我把这些都修好了。凌晨5点，我沿第五大道往车间走，遇见了爱迪生与巴彻勒和其他几位一起，正要回家休息。爱迪生说道："这不是我们巴黎来的那位吗，晚上到处忙。"我告诉他我来自俄勒冈州，把两台设备修好了。他看着我，没有再说话便离开了。但是他走远一点儿后，我听见他说："巴彻勒，这人不错。"从那以后我便可以自主地指挥工作了。将近一年，我的工作时间为早晨10:30至次日清晨5点，无一天例外。爱迪生对我说："我有许多很努力的助手，但你是最努力的。"这段时间内，我设计了24种短芯、统一型号的各类标准机器，替代了原来的旧机器。经理

---

[1] 此处指《自然哲学的数学原理》。

曾许诺工作完成后给我5万美元，结果竟是一个恶作剧。这令我实在震惊，便辞去了这份工作。

托马斯·爱迪生与IEEE爱迪生奖章获得者，其中包括尼古拉·特斯拉

第四章 特斯拉线圈和变压器

之后，很快有人来找我，提议以我的名义成立一家弧光灯公司，我同意了。终于有机会开发电动机了，但当我跟合伙人讨论这个话题时，他们说："不行，我们要的是弧光灯。你的这个交流电动机我们不关心。"1886年，我研发的弧光灯系统已经完善，在工厂和市政照明系统中已被采用，任务完成后我也自由了，但是除了一张存满假想价值的精美证书，我便一无所有了。接着，我又在自己并不适合的新媒体中挣扎了一阵。但回报最终还是来了，1887年4月，特斯拉电气有限公司成立，并配置了实验室和设备。在这里我制造出了与我曾经的设想完全一样的电动机。我没有做任何设计上的改进，只是将出现在我脑海中的画面再现了出来，而它的运转正如我预想的一样。

西屋公司位于匹兹堡的实验室，特斯拉在此制造出了交流设备

1888年年初，公司与西屋公司[1]达成协议，大规模制造电动机。但还有很大困难要克服。我的电动机只适用低频电流，而西屋的专家

---

[1] 1886年1月8日由G.威斯汀豪斯在美国宾夕法尼亚州创立，总部设在宾夕法尼亚州匹兹堡市。

们为使机器在革新换代中保持优势采用了133赫兹的电流。他们不想舍弃其设备的标准形式，我只得努力使电动机适应这些现状。电动机必须满足的另一个条件是能够以此频率在二线制设备上有效运转，这并非一件易事。1889年将近时，我在匹兹堡余下的工作已不再重要，于是回到纽约，又开始在位于格兰特街的一间实验室里做实验，立即着手高频电动机的设计。这是一个尚无人涉足的领域，制造过程中出现了许多新奇的、特殊的困难。由于担心不能产生完美的正弦波，而这在共振中又至关重要，所以我没有采用感应器这种样式。如果不是因为这一点，我可以省去大量工作。高频交流发电机还有一个特点令人无法满意，就是速度不够稳定使其使用严重受限。在去美国电气工程师协会工作之前，我在演示实验中已几次注意到速度不协调的问题，并不得不重新调整设备，但过了很久才意识到我发现了可以使这种机器以恒定速度运转的方法，即在满负荷运转和零负荷运转时，转速差异小于一圈。出于许多其他考虑，只有发明一个更简单的电振荡生产设备才能满足要求。

经过优化的小型特斯拉振荡器，用于制造臭氧

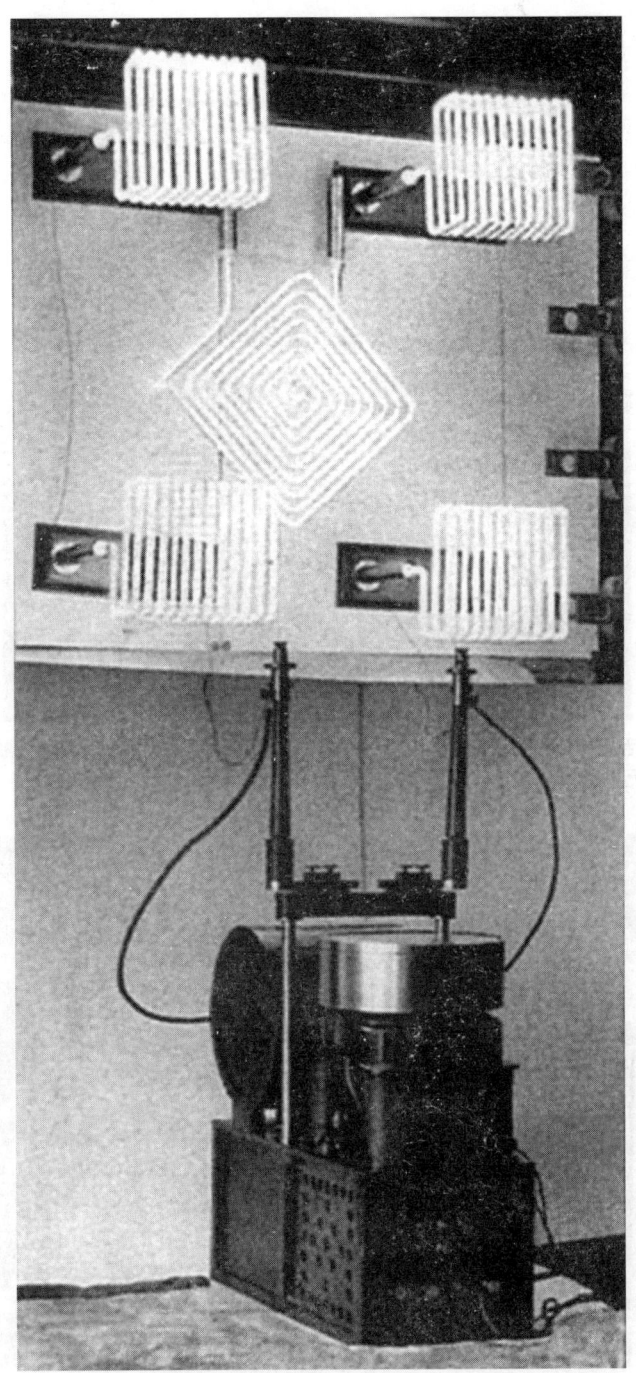

由特斯拉振荡器点亮的特斯拉高频灯泡

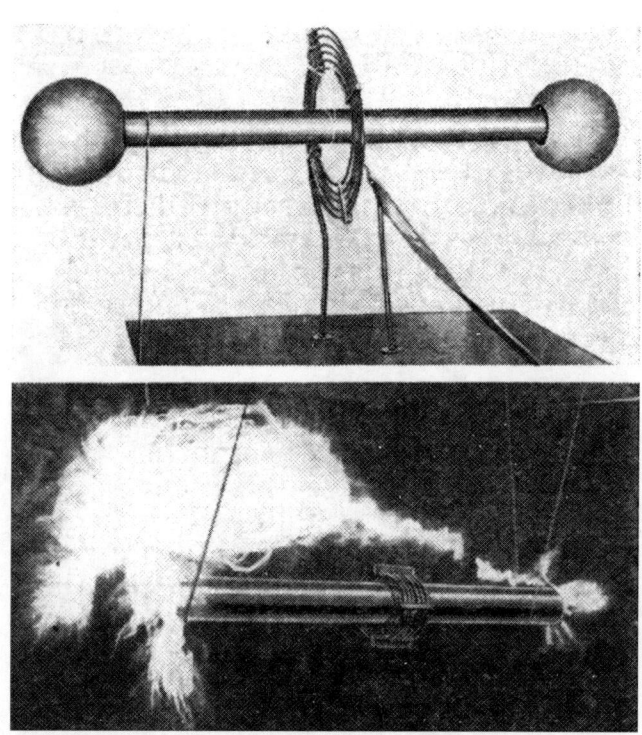

处于不活跃与活跃状态的特斯拉线圈。上面的照片为著名的特斯拉线圈,用于发射早期无线电讯号;下面照片中的特斯拉线圈正处于实际操作中

特斯拉在调谐螺旋产生的火焰状放电下休息

第四章　特斯拉线圈和变压器

　　1856年，开尔文勋爵[1]揭开了电容器的放电原理，但这项重要原理并未进入实际应用。我看到这种可能性后，根据这项原理开始开发感应装置。进展非常迅速。1891年我便在演讲中展示了一个能够放射长达5英寸电火花的线圈。讲座上，我坦白告诉工程师们采用这个新方法的机器有一个缺陷，即火花间隙会减损。后来的研究表明，不论采用何种介质，空气、氢气、水银蒸汽、油或者电子流，其结果都一样，火花间隙都会减损。这一规律与机械能量的转换定律很相似。我们把一定重量的物体从高处垂直抛下或沿着曲线运至低处，并不会影响我们做功的大小。不过幸运的是，这并非致命的缺点，因为把共振调整为适当频率时，环路的效率就可以达到85%。这项发明我很早就公之于众了，现在已在普遍应用，并在许多部门引起了变革，但其未来仍有着广阔的前景。1900年，我获得了高达1000英尺的强大放电，并形成一道环绕地球的闪电。我想起了在格兰特街实验室里第一次观察到的微弱火花，此时的惊喜之情就像我第一次发现旋转磁场时一样。

---

[1] 原名威廉·汤姆逊（1824—1907年），后来因为他在科学上的成就和对大西洋电缆工程的贡献，获英女皇授予开尔文勋爵衔，所以后世才改称他为开尔文。汤姆逊的研究范围相当广泛，他在数学物理、热力学、电磁学、弹性力学、以太理论和地球科学等方面都有重大的贡献。

第五章　影响命运的事件

　　回顾过去会让我意识到一些事情多么微妙地影响着我们的命运。我少年时期的一件事足以说明。一个冬天，我和几个男孩子一起爬上了一座陡峭的山。山顶积雪很厚，南风和煦，对于滚雪球来说再适宜不过了。我们把雪球扔出去，雪球滚出一段距离后，多少会沾上一些雪，我们便比谁的雪球滚得大，玩得不亦乐乎。突然，一只雪球滚出了界线，膨胀得越来越快，直至像座房子那么大，然后轰隆一声落入了下面的山谷，地面都被震得颤动。我看着眼前的一切，呆呆地像被施了咒，无法理解所发生的事。之后的几周，那天雪崩的情景一直在我眼前，我想知道一个原本那么小的东西怎么会变得那样巨大。

　　自那以后，微弱之举的放大效应开始令我着迷，所以几年后，我开始从事机械共振和电共振实验研究时，一开始就被强烈吸引了。如果不是早年那件事令我印象深刻，也可能我不会追着线圈实验中获得的小火花一直研究下去，那样也就永远不会有我的最佳发明了。我会讲一讲它真实的发明过程。许多科技人员，虽然在其专业部门中非常能干，但却极为迂腐、短视，断言除了感应电动机[1]，我的其他发明都没有什么实际用途。这是严重的误解，一项发明是否有用不能根据其即刻的应用情况来判断。我的交流电力传输系统[2]出现得恰逢其时，因为它解决了一个探索已久、迫切需要解决的工业问题，虽然照例要克服许多阻力，调解对立各方的利益，但这些并不能阻碍其商业化步伐。现在，把我的感应电动机与我的涡轮机所面对的情形做一个比较。有人可能认为感应电动机这样一项简单、漂亮的发明，具备理想电动机的许多特点，应该能立即进入应用，事实上，它也的确如

特斯拉涡轮机内部视图

---

[1] 感应电动机，又称"异步电动机"，是将转子置于旋转磁场中，在旋转磁场的作用下，获得一个转动力矩，因而转子转动的装置。由尼古拉·特斯拉于1887年发明。转子是可转动的导体，通常多呈鼠笼状。定子是电动机中不转动的部分，主要任务是产生一个旋转磁场。旋转磁场并不是用机械方法来实现。而是以交流电通于数对电磁铁中，使其磁极性质循环改变，故相当于一个旋转的磁场。这种电动机并不像直流电动机有电刷或集电环。

[2] 感应电动机属于交流电力传输系统。

此。但是旋转磁场的预期效果并非淘汰现有机器，正相反，它会增加其附加值。交流电力传输系统既适用于新企业也有助于旧企业实现改进。而我的涡轮机是与旧机器特性全然不同的先进设备。从某种意义上说，它是一种彻底的背弃，因为它的应用意味着要淘汰已花费数十亿美元的过时机器。在这种情况下，进展势必缓慢，最大的阻力可能是持偏见的专家们有组织地反对。

就在几天前，就发生了一件令我沮丧的事，我遇见了我的朋友查尔斯·F.斯科特，也是我的前助手，现在是耶鲁大学电子工程教授。我有很久没见到他了，很高兴有机会和他在我的办公室聊一会。我们自然而然地谈到了我的涡轮机，说着我的情绪高涨了起来。我被涡轮机的辉煌前景冲昏了头，于是说道："斯科特，我的涡轮机将撕碎世界上所有的热力发动机。"斯科特轻抚下颌，目光看向别处，像做心算似的沉思着："那会产生很大一堆碎片。"然后他没再说什么，便离开了。

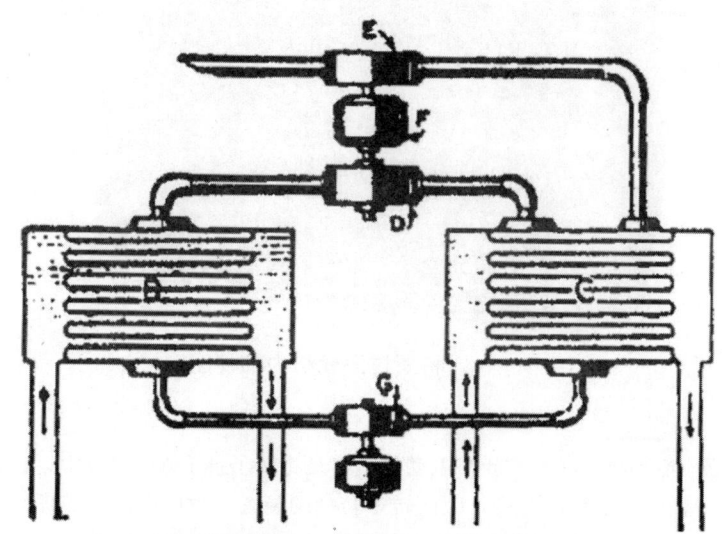

特斯拉图解如何靠流体温差操作涡轮机

然而，我的种种发明只是朝着一个方向向前走。在不断改进的过程中，我只是凭着一种天生的本能去改进现在的机器，而没有专门考虑去创造一些对我们而言更为必要的发明。"放大发射机"[1]是我多年不断努力的成果，它们的主要目的是解决对人类发展而非仅仅对工业发展无比重要的问题。

如果我记得没错，应该是1890年11月，我进行了一项实验室实验，是科学年鉴有记录的最不寻常、最为壮观的一次实验。在研究高频电流现象时，我确信在房间内可以产生足以使非完全真空的电极管变亮的电场强度。于是便制造了变压器来检测这一理论，初次实验便取得了极大的成功。当时还难以理解那些奇异的现象所代表的东西。我们总是渴望新鲜感，但很快就对它们兴趣索然了。昨天是奇观，今天是平常事。我首次公开展示我的电极管时，人们惊异的表情难以描述。我收到了来自世界各地的紧急邀请函，以及向我抛出的众多荣誉和其他诱人的好处，这些我都拒绝了。但1892年，那个要求我无法拒绝了，于是前往伦敦在电气工程师协会做了一场演讲。

特斯拉展示真空电子管中的放电现象的实验

---

[1] 特斯拉所谓的"放大发射机"，现在称之为大功率高频传输线共振变压器，是用于无线输电试验的。这一系统与现代无线电广播的能量发射机制不同，而与交流电力网中的交流发电机与输电线的关系类似。

出于同样义不容辞的责任，我本已打算即刻离开伦敦前往巴黎，但是詹姆斯·杜瓦先生一定要我去皇家科学院演讲。我是一个主意坚决的人，但在这位伟大的苏格兰人的说服下，还是很快屈服了。他推着我，让我坐到椅子上，倒了半杯美妙的棕黄色的酒，闪烁着如彩虹般五颜六色的光芒，尝起来如神酒。他说："现在，你坐在法拉第[1]坐的椅子上，喝着他常喝的威士忌。"（这并未引起我太大兴趣，因为当时我已经觉得烈酒不是好东西了。）第二天傍晚，我在皇家科学院作报告，结束时，瑞利勋爵向观众致辞，对我不吝赞美之词，使我首次开始了这些尝试。逃出伦敦，又逃出巴黎，逃脱如雨水一般加诸我的各种好意，回了家，又经历了疾病的痛苦折磨。刚刚康复，我便计划重启在美国的工作。直到那时，我从未意识到自己拥有发现新事物的特殊天赋，但是一直被我视为科学家典范的瑞利勋爵却这样认为。如果真如瑞利勋爵所说，我认为我应该将精力集中在更伟大的计划上。这时，我就像过去许多时候一样，开始想起我母亲的教导。强大的心智是来自上帝的赏赐，是神圣的力量，如果我们将注意力集中在探寻真理上，我们就会与这伟大的力量相协调。我母亲曾教导我在《圣经》里寻找关于一切的真理；因此随后几个月我所有时间都用来研习《圣经》。

一天，我在山间漫步，暴风雨将至，我寻找避雨处。天空浓云密布，但一直未下雨，突然间，出现一道闪电，不一会儿便雨如瓢泼了。这一观察引起了我的思考。显然这两种现象密切相关，就像存在因果关系，思索片刻，我得出一个结论：在这一降雨过程中产生的电能并不显著，闪电的作用颇如一个灵敏的触发器。这其中蕴含着巨大的成功机会。如果我们能够制造质量符合要求的电能效应，那么整个地球及地球上的生存环境都将改变。太阳使海水变为水蒸气上升到空

---

[1] 英国物理学家、化学家，也是著名的自学成才的科学家。1831年10月17日，法拉第首次发现电磁感应现象，并进而得到产生交流电的方法。一般认为法拉第的电磁感应定律是他的一项最伟大的贡献。由于他在电磁学方面做出了伟大贡献，被称为"电学之父"和"交流电之父"。

中，风又将其带到远方，在那里水仍然处于微妙的平衡状态。如果我们能在任意时间和地点打破这种平衡，那么便有可能随意控制生命的持续流动。我们将能够灌溉干旱的沙漠，建造湖泊和河流，提供源源不竭的动力。这将是人类对太阳最为有效的利用途径。它的实现取决于我们能否制造出类似自然界中的那种电力。

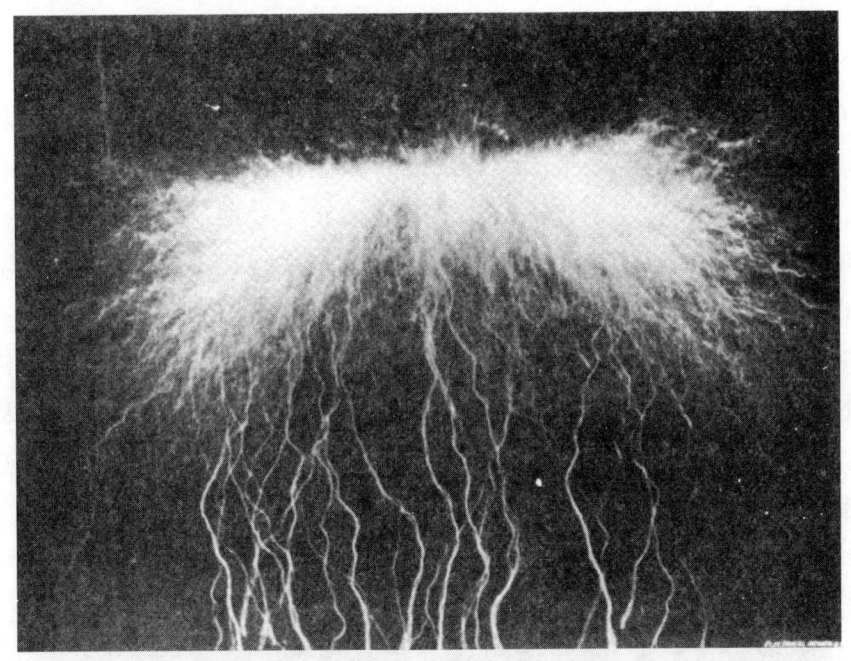

特斯拉实验中所用的一台改进过的振荡器的活跃终端，可向远处进行无线电能传输。可照亮18英尺宽的空间，终端上的电压约为800万伏特

这似乎是一项不可能实现的任务，但我决心试一试。短暂拜访过英格兰沃特福德的朋友们后，1892年夏我回到美国立即着手这项工作，这项工作开始后，愈发令我着迷，因为这也是实现无线能量传输的必要手段。这时，我进一步仔细研习《圣经》时，在《启示录》[1]中发现了问题关键。次年春天，首次得到了令人满意的结果，当时我

---

[1]《启示录》是《圣经》新约的其中一卷书，本卷书共22章。记载了使徒约翰在拔摩海岛上看到的异象。

用圆锥形线圈制造了大约1亿伏特的电压，我估计这与闪电产生的电压大小类似。1895年我的实验室毁于火灾时，这项工作已在稳步进展了，从T.C.马丁同年4月在《世纪杂志》上发表的文章可看到当时的进展情况。这场灾难使我的工作在许多方面都倒退了很多，那一年大多数时间我都用来做规划和重建实验室了。然而，一旦条件允许，我便重新开始工作了。

尽管我了解获得的电动势越高，所用设备的体积也会越大，但是我有一种本能的直觉：设计合理、体积较小、较紧凑的变压器可以实现这一目标。在用次级平面螺旋线圈（其图示见我的专利）进行测试时，没有出现水流纹令我吃惊，不久之前我才发现这是由于各转弯处的位置及其之间的相互作用造成的。得益于这一观察，我采用了转弯处直径巨大的高压导体，充分使转弯处分离从而控制了分散的容量，同时阻止在任何部位积累过多电荷。应用这项原理后，我制造出了超过1亿伏特的电压，这是在没有事故风险的情况下能获得的极限电压。1898年11月的《电气评论》登载了一张我在休斯顿街上的实验室里制造的发射机照片。

在特斯拉位于纽约休斯顿街的实验室，他的放大发射机产生了奇妙的景象

为了沿着这一思路继续研究下去,我必须搬到野外。1899年春,建造无线电设备的准备工作都已完成,我去科罗拉多州待了一年多,在那里首次进行了一些其他的改进和改良,从而能够产生我们所需的任何电压的电流了。感兴趣者可从我发表在1900年6月这期《世纪杂志》——我前面提到过一次这本杂志——上的文章《增强人类能量的问题》,了解我在这里进行的一些实验。

特斯拉制造的圆锥形高频、高电势振荡线圈

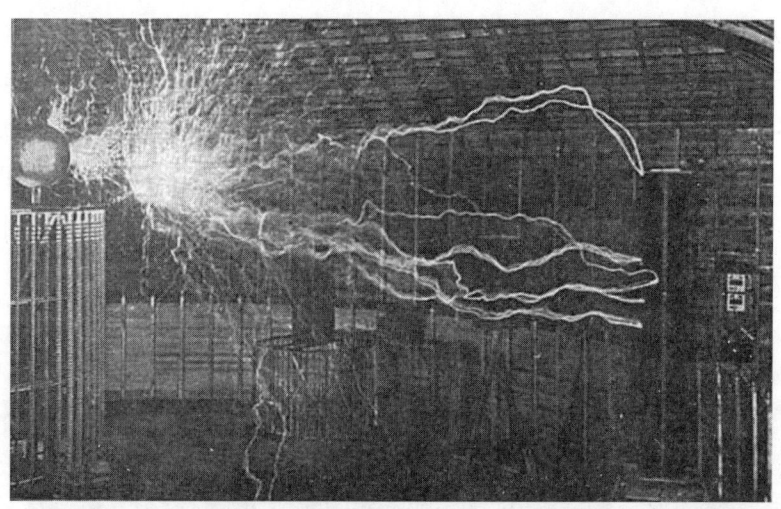

特斯拉在科罗拉多斯普林斯制造的线圈产生威力强大的放电

我将会对我的放大变压器进行非常详细的说明,这样大家就可以对它有一个非常清楚的认识。首先,它是一种共振变压器,其中次级线圈各部分载有高电势电荷,而且面积较大,沿着曲率半径很大的理

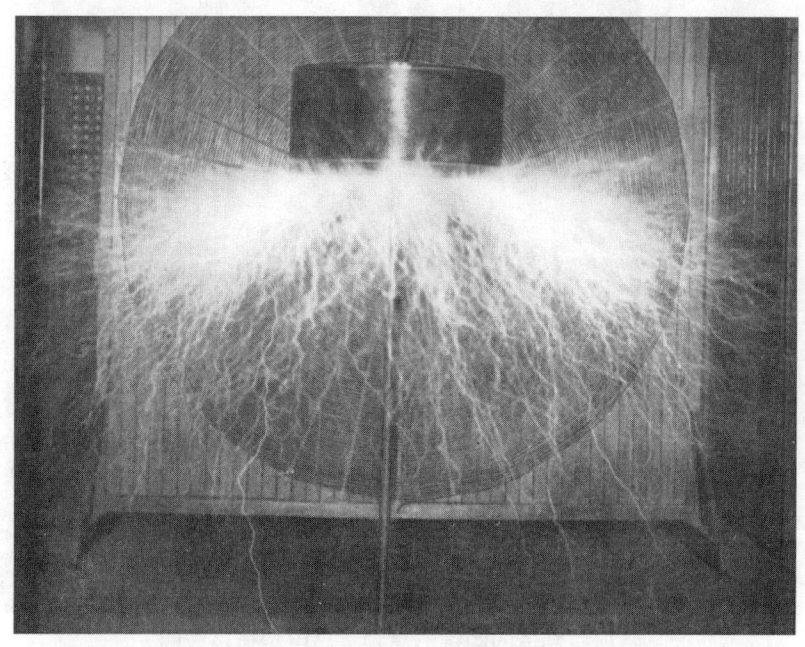

在特斯拉纽约休斯顿街的实验室里,特斯拉放大振荡变压器正在运转

纽约休斯顿街的特斯拉实验室内部图

想包络面分布，线圈各部分间距适中从而确保各处电荷面密度均较小，这样即便采用裸导体，也不会发生任何泄漏。放大变压器适用于每秒几转至每秒几千甚至上万转等任何大小的频率，可用于产生容量巨大、电压适中的电流或电动势巨大、强度较小的电流。最高电压仅取决于带电粒子所在的表面曲率以及带电粒子的分布面积。根据我过去的经验判断，我的放大变压器可产生无限大的电压，也可以产生任何大小的电压；而另一方面，天线中可获得几千至几万安培的电流。大小适中的设备就完全可以实现这样的性能。理论上，直径小于90英尺的终端设备足以产生这样大的电动势。而在天线中产生2000—4000安培、常规频率的电流，所需终端直径不超过30英尺。从更严格的意义上说，这种无线发射机中赫兹波的辐射能量相比总能量完全可以忽略不计，在这种条件下，阻尼因数极小，且容量提升后存储有巨大的电量。这一回路接着可能在各种脉冲，甚至低频脉冲的推动下，产生如交流发电机一样的持续正弦振荡。从最狭窄的意义上讲，它除了具备上述品质，还是一个比例与地球及其电学常数和性能精确相配的共振变压器，在无线能量传输中非常高效。距离将消除为零，传送脉冲的强度便不会减弱。根据一项准确的数学定律，脉冲甚至会随着与平面之间距离的增大而增强。这项发明是我的无线传输"世界系统"所包含的众多发明中的一项，1900年回到纽约后，我便开始尝试其商业化。

关于这项发明的直接用途，在当时一篇技术声明中已经清楚地介绍过了，我引述一下："世界系统是由发明者在长期持续的研究和实验中所获得的几项首次发现共同引发的发明。它不仅可以实现即时、准确地以无线方式向世界各地传输信息、文字等任何信号，而且可以使现有电报机、电话机及其他信号站在无须改变现有设备的情况下实现互联。例如，通过世界系统方式，这里的电话用户可以与地球上其他任何用户通话。一只价格低廉的收信机，大小与手表差不多，便可使用户在陆上、海上等任何地方收听从任何距离发送的语音或播送的音乐。"

第五章　影响命运的事件

特斯拉发明的第一台外差式无线电报收音机，预示了差振波器的到来

这些例子只是为了使大家了解这项伟大的科学进步所拥有的发展潜力，它消除了距离，使地球这个完美的天然导体可以实现科学家们已发现的线路导线所具有的无数用途。它产生的一个深远影响是，任何（在明显受限的距离范围）可通过单线或多线运转的设备一样可以在没有人造导体情况下，同样灵巧而准确地运转，且不受距离限制，不像那些受地球体积大小制约的设备。因此，这一理想的传输方式不仅会打开商业探索的全新领域，而且将极大地拓展旧领域。世界系统的成功建立在下列产品发明和发现的基础上：

1. 特斯拉变压器：这一设备在电振动的产生中就像火器在战争中的出现一样具有革命意义。发明者已用这种设备制造出了强度比通常方式产生的电流大许多倍的电流以及长度可达一百多英尺的电火花。

2. 放大发射机：这是特斯拉的最佳发明，一种专用于激发地球磁场的特殊变压器，其在电能传输中的作用如同望远镜在天文观测中的作用。他通过这种奇妙的设备制造了比闪电强度更大的电运动，并且绕地球传送了足以点亮两百多盏白炽灯的电流。

3. 特斯拉无线系统：这一系统进行了许多改进，是远距离无线传输电能的唯一经济而重要的方式。发明者在科罗拉多州建造实验站时所进行的一系列细心测试和测量已表明，若有必要，该设备完全可以将任何大小的电量从地球一端传送到另一端,在这一过程中损失的能量不超过百分之几。

4. 个性化技术:特斯拉的这项发明与原始的调谐器相比,前者就像精练的语言,后者就像口齿不清的表达。它的应用实现了信号或信息的绝密和专门传输,也就是说,各种信号和信息的传输互不干扰、互不干涉,这一应用既有积极的方面也有消极的方面。每个信号如同一个身份明确的个体,且可以同时操作的信号站或信号设备的数量不受限制,彼此毫无干扰。

5. 陆地驻波:通俗地解释,这一奇妙的发现意味着地球能够响应特定强度的电振动,就像音叉能够响应特定波长的声波。特定强度的电振动能够使地球激发强大的电磁场,因而在商业以及许多其他领域具有大量重要用途。"第一个世界系统"能量设备将于九个月后投入运作。使用这一能量设备将能够产生能量高达1亿马力的电运动,它不仅适用于各种技术成果,而且费用合理。

除此之外,它还有下列应用:

1. 使全世界现有电报局实现互联;
2. 实现政府电报秘密和无干扰传输;
3. 使全世界现有电话局实现互联;
4. 通过电报或电话实现一般新闻的全球播送以及媒体与新闻的同步;
5. 建立私人专用的情报传输"世界系统";
6. 使全世界所有证券报价机实现互联和统一操作;
7. 建立音乐播送的世界系统;
8. 廉价的钟表实现了时间的通用标准,它显示的时间极其准确而且无须特别维护等;
9. 实现打印或手写文字、信函、支票的全球传送;
10. 建立全球海运服务,使所有轮船上的导航员能够无需指南针便实现完美驾驶,能够准确地定位、确定时间以及语音来源,能够避免碰撞和灾难等;

11. 建立陆上及海上印刷世界系统；

12. 实现照片及各种图纸、资料的全球复制。

我还打算做小规模无线电力传输演示，规模虽小但足以得出可靠结论。除此之外，我还提及我的发明的其他一些应用，包括一些极其重要的应用，这些会在未来某一天公开。我们在长岛[1]建造了一座高达187英尺、球形终端直径约达68英尺的信号塔设备。这样的尺寸大小几乎适合任何大小的能量的传输。最初，所提供的功率只有200—300千瓦[2]，但是我之后打算采用几千马力[3]的功率。发射机发射各种特性的复合波，我已经发明了一种能够电话传送控制任何大小能量的独特方式。这个信号塔毁于两年前（1917年），但我的项目一直在进展，而且会再建造一个性能有所改进的信号塔。

在这里，我要反驳一种广为流通的报道，即报道该信号塔是被政府拆毁。由于战争原因，这一不实报道会使不了解情况的人产生偏见。30年前，那些报道我被授予美国公民身份荣誉的报纸，一直被我存放在保险箱里，[4]而我的勋章、学位证书、学历证书、金牌及其他荣誉证书等都存放在旧行李箱里。如果这一报道有事实根据，我早已将用于信号塔建造的大笔资金退还给政府了。事实恰相反，保存信号塔是符合政府利益的，尤其是它将可能在世界任何地方实现水下定位，只提这一项重要应用已经足够了。我的设备、项目以及各种改进装置一直听凭政府官员们处置，自欧洲战争[5]爆发以来，我一直在全力以赴地进行几项与空中导航、船舶动力以及无线传输相关的发明，

---

[1] 纽约市东南的岛屿。

[2] 千瓦（Kilowatt），功率单位。在电学上，千瓦时（Kilowatt-hour）完全与度相等，只是称谓不同。

[3] 马力是工程技术上常用的一种计量功率的单位。一般是指公制马力而不是英制马力。1公制马力=735瓦特。英国、美国等一些国家采用的是英制马力。1英制马力=745.7瓦特。

[4] 1891年7月31日，特斯拉成为美国公民。他告诉他的朋友们，他珍惜这个国籍胜过珍惜他的很多科学发明。

[5] 指第一次世界大战。

特斯拉图解无线电波振动通过反射绕地球传播的情形

这是对国家最为重要的发明。见闻广博的人知道，我的发明为美国工业带来了革命性的变化，我还不知道有哪一位在世的发明家在这方面，尤其是其发明在战争中的应用，有我这样幸运。

此前，我一直避免就此话题公开发表意见，因为在全世界惨遭磨难之际大谈个人之事似乎不合时宜。由于我所听到的各种传言，我要再补充一点：约翰·皮尔庞特·摩根[1]先生对我感兴趣并非像做生意一样是一种交易，而是出于他一贯的伟大精神，他帮助过许多其他先驱者。他不折不扣地履行自己的慷慨承诺，若再要求他做什么，就太不合理了。他极为重视我的各项成就并对我有能力最终实现我要做

---

[1] 约翰·皮尔庞特·摩根（1837—1913年），美国银行家，亦是一位艺术收藏家。1892年，他撮合了爱迪生通用电力公司与汤姆逊-休士顿电力公司合并成为通用电气公司。在出资成立了联邦钢铁公司后，他又陆续合并了卡耐基钢铁公司及几家钢铁公司，并在1901年组成美国钢铁公司。1912年，著名的泰坦尼克号便是他出资建造的。

的事表现出完全的信任。我的积极性不会被挫败，因为我不想让一些心胸狭隘、嫉妒心强的人得逞。这些人对我而言不过是些肮脏的病菌。我的项目进展变缓是自然规律，这个世界还没准备好接受它。它过于超前，但是同样超前的规律最终会获得胜利，我的项目也将大获成功。

第六章　放大发射机

在我致力研究的课题中，没有哪个像放大发射机系统这样需要集中注意力，我连最细小的神经都时刻紧绷。青少年时期，我把所有的热情和精力都投入到研究旋转磁场上，但这些早年的努力性质不同，尽管也艰苦卓绝，但并不需要耗费心力的敏锐洞察力，而这种洞察力只能在解决大量无线传输问题的过程中进行锻炼。

尽管那时我耐力极佳，但神经过度疲劳最终开始造反，就在这项长期艰苦的任务成功在望时，我彻底崩溃了。若不是上天赋予我一个似乎随年岁增长日益完善的保护装置，在我体力耗尽之际立刻开始起作用，那么毫无疑问，我以后将面临更为严重的惩罚，我的职业生涯也很可能过早结束。只要这个保护装置在运转，我便能安然无恙，而不会像其他的发明者过度工作的话便会面临病倒的危险，而且我也不需要对大多数人而言所必需的假期。

大胆涉足自己领域外的理论时，体内很可能会一点儿一点儿积累毒素，积累到一定量时我便会陷入几近昏睡的状态并一分不差持续半个小时。醒来后就会感觉片刻之前的事好像已经过去很久了，当我尝试继续之前打断的思路时，便会感到恶心。不自觉地，我便会转而做

第六章 放大发射机

其他的事，让我感到吃惊的是，大脑充满活力，之前困惑我的难题也十分容易解决了。几周或几个月后，我又开始对暂被搁置的发明充满激情并总能不费吹灰之力就找到所有难题的答案。说到这里，我要讲一件不寻常的经历，也许学心理学的学生会感兴趣。我用接地发射机产生显著现象后，想弄清楚它对围绕地球传导的电流所起的真正作用。这项工作似乎看不到希望，有一年多我不懈地工作却一无所获。这项意义深远的研究完全地吸引了我，我把其他的事情都忘了，甚至没有注意到自己的健康每况愈下。最后，在我即将病倒之际，机体启动了保护装置使我进入了死一般的睡眠。恢复意识后，我惊慌地发现我无法将生活中的场景在脑海中形象化了，只有婴儿时期、这些最早期的画面进入了我的意识。十分奇怪的是，这些场景在我的脑海中惊人地清晰并令我感到难得的放松。一晚又一晚，每当睡觉的时候，我便会想起这些场景，我儿时的生活也越来越多地显现出来。我母亲的身影总是这幅徐徐展开的场景的重心。想要再次见到她的强烈愿望逐渐占据了我的脑海。这种愿望越来越强烈，我决心放下所有工作去满足再见母亲的渴望。但从实验室抽身出来太难了，几个月过去了，我脑海中重现了过去直至1892年春季期间所有的印象。接下来的画面中，记忆出现断片，我从往事的迷雾中出来，发现自己身处巴黎德拉佩克斯酒店，刚从一次昏睡中醒过来，超长使用大脑会让我进入短暂的特殊睡眠。就在那一刻，我突然意识到有人递给我一封急件，信中告知母亲临终这一令人悲痛的消息，我多么痛苦和悲伤可想而知。我记得我没有休息一个小时长途跋涉回到家，母亲在病痛折磨了几周后去世。尤其值得注意的是，在所有关于这段时期的残缺不全的记忆里，我对与研究课题相关的一切完全记得。我能够回忆起实验中最小的细节、最细微的发现，甚至能背出几页文章以及复杂的数学公式。

我对回报法则深信不疑。真正的回报永远与付出的劳动和牺牲成正比。这也是我确信在我所有的发明中，放大发射机将会随着时间证明对后代最重要、最有价值的原因之一。我即刻做这样的预言，并不主要是因为我认为放大发射机必将会引发商业和工业革命，而是因为它可以使许多成果更加人性化。单纯的实用性与社会的更高利益相权衡微不足道。我们面临的一些问题后果严重，不是仅仅靠增加物资可以解决的，无论我们的物资多么丰富。相反，在这条前进的路上充满了艰难险阻，凶险程度不亚于物资匮乏时期所面临的困难。如果我们将要释放原子能量或者在地球某处发现某种方法可以开发成本低廉、威力无穷的能量，那么其成功对人类而言非但不是福音，还会带来灾难，引发纠纷和混乱，而最终执政的将是人们憎恶的政权。利于社会统一和谐的科技进步孕育着最伟大的善念，我的无线发射机正是这类型的代表。通过无线发射机，人类的声音和共同之处可以在各个地方再现，水力发电站可以为千里之外的工厂供电。航天器可以绕地球运行一周无须中途供能，利用太阳能可以建造湖泊和河流来发电或者变荒漠为良田。它用于电报、电话等方面，则会自动切断静电和其他一切干扰，这些干扰目前几乎不会限制无线的应用。现在谈此话题正是时宜，我不能不说几句。

特斯拉天电干扰消除器

第六章 放大发射机

在过去的10年中,许多人傲慢地声称,他们成功消除了静电干扰。我仔细检查了他们所描述的全部实施计划,并早在其中大多数公开之前已经检测过了,但结果无一例外地失败了。最近美国海军发布的一份官方声明或许可以教教某些容易受骗的新闻编辑怎么判断这些公告的真正价值。通常,这种建立在荒谬的理论基础上的尝试,什么时候我看到都忍不住将其视为一个笑话。新近喇叭喧天、震耳欲聋地宣告了一项新的发现,结果又是雷声大雨点小。这让我想起一年前发生的一件激动人心的事,那时我正在做高频电流实验。

当时,史蒂夫·布罗迪[1]刚完成布鲁克林大桥之跳。这一壮举因后来众多人模仿现在已成为平常之举,但首次报道时,这件事震惊了纽约。我当时非常容易受影响,经常说起那位勇敢的印刷工[2]。一个炎热的下午,我觉得需要提提神,便走进了这座大都市3万家大众酒吧中的一家,服务员给我上了一杯12度的美酒,这酒现在只有到那些贫穷且满目疮痍的欧洲国家才能喝到了。酒吧里人很多但并不显得过满,大家在讨论一件事,我顺口就说出了那句鲁莽的话:"我从桥上跳下去的时候就是这么说的。"话刚出口,我就感到席勒[3]诗中的提摩太在陪伴着我。人群瞬间开始骚乱,有十几个声音喊道:"他就是布罗迪!"我往柜台扔下一枚二十五分硬币便夺门而逃,但人群紧跟随着我叫喊:"别走,史蒂夫!"这一定是误会,因为当我疯狂逃往

---

[1] 史蒂夫·布罗迪是生活在纽约曼哈顿的一位美国人,1886年7月23日他从布鲁克林大桥上跳下并幸存了下来。这件事的真实性历来存在争议,不过却给他带来了知名度,他出演了歌舞杂耍表演音乐剧《我为钱狂》(*Mad Money*)和《在鲍厄里街上》(*On the Bowery*),并开办了一家酒吧。

[2] 在布罗迪跳桥一个月后,1886年8月28日,曼哈顿下城一家印刷厂的一名工作人员拉里·多诺万也从布鲁克林大桥跳了下去,并幸存下来。关于史蒂夫·布罗迪,《泰晤士报》称其是一名送报人和长途步行者,也有报纸称其是一名出版者和投机者。作者在此称其为印刷工,也许这是关于布罗迪身份的另一种说法,也许是将布罗迪与多诺万弄混了。

[3] 席勒(1759年11月10日—1805年5月9日),德国18世纪著名诗人、哲学家、历史学家和剧作家,德国启蒙文学的代表人物之一。

我的避难所时，许多人想拦着我。我贴着墙角奋力前冲，最终从安全出口逃走了，回到实验室我扔下外套，假装自己是一个勤快的铁匠，开始打铁。但这些防范措施其实没有必要，因为我已经逃脱了追我的人群。之后许多年，在浮想联翩的晚上，白天的琐事被想象力加工成了可怖的事，我躺在床上辗转反侧，常常想，假如那群暴民抓住我却发现我并不是史蒂夫·布罗迪，我的命运会怎样！

这位近来在技术机构作报告的工程师称找到了一种新的抗静电干扰对策，根据是一项迄今无人所知的自然定律。他提出静电干扰一上一下波浪式传播而发射机干扰沿地面传播这一观点，就像我当年的话一样鲁莽。这意味着像地球这样有大气层包裹的电容器其带电和放电方式与小学物理教材中的基础原理完全相悖。这种假设即便在富兰克林时代也会被斥为谬论，因为真相在那时就已经众所周知了，大气层中产生的电流与机器产生的电流完全相同也已确定无疑。显然，自然和人造干扰通过地球和大气传播的方式完全相同，都会产生水平电动势和垂直电动势。干扰不可能通过其所提议的方法消除。事实是：在大气中海拔每升高一英尺电势便会增加约50伏特，因此在天线的低端和高端之间电压差可能达到2万甚至4万伏特。大部分带电大气层都在持续运动并向导体释放电量，虽然并非连续不断放电，但却造成了相当的干扰，会在灵敏的电话接收器中产生刺耳的噪音。终端机海拔越高，电线覆盖范围越大，这种干扰便越显著，但需要明白的是这种干扰完全是地方性的，并非真正的故障。

1900年，我在对无线系统、一种带有4根天线的装置进行完善。我把这些天线小心翼翼地调成了相同的频率，并与能够把从各个方向接受的运动进行放大的机器相并联。如果我想确定传输的脉冲来源，就把对角位置的每对天线与一个连通检波器回路的初级线圈相串联。在前一个实验中，电话中噪音很大；而在后一个实验中，噪音不出所料停止了，这是因为两根天线产生的干扰互相抵消了，但是在这两例实验中真实的静电干扰都是存在的，我不得不分别采取预防措施来展示不同的原理。通过我很久之前就提出过的方法，将接收器与地面两点相连，这种由带电空气产生的、当前设备中严重存在的干扰便消除了，而且由于回路的方向性各种干扰的发生率降低了约一半。这一结果完全是不言而喻的，但对一些头脑简单的无线研究者却是出乎意料的事。他们所做的不过是改改设备的外形，拿着一把斧头大概就能改成，对理论总是生搬硬套、生吞活剥。如果真的是天电干扰[1]表现怪异，那么不用天线就能轻松消除干扰。按照此观点，埋在地下的电线应该完全不受干扰，但事实是，它们比架设在空气中的垂直天线更易受特定外来脉冲的干扰。坦白说，目前已取得些许进展，但并不是因为采取了什么特殊的方法或装置，仅仅是因为弄明白了那些巨大的构造传输效果极差但完全不适用于接收信号，并采用了一种更适合的接收器。正如我之前所说，要一劳永逸解决这个问题，必须对系统进行彻底改变，而且越早改变越好。

的确，这一技术还未成熟而且大多数人，甚至包括专家，对它最终的发展潜力还没有概念，如果这时就仓促采取措施通过立法使政府垄断这项技术，其结果将是灾难性的。几周前丹尼尔部长曾发出这项提议，而且这位高官无疑已就此向参议院和白宫代表们发出了真诚、坚定的呼吁。但所有证据都普遍表明，只有在良性商业竞争中才会取得最佳结果。不过，应该让无线技术完全自由地发展是有特殊原因的。首先，它比人类历史上的其他发现或发明为人类生活的改善提供了更宏伟、更紧要的前景。然后要知道，这项伟大的技术是完全在这里一步一步发展成熟的，比起电话、白炽灯或者飞机，称它为"美国发明"更正确、更恰当。

大胆的媒体经纪人和股票经纪人在传播错误消息方面真是成绩显赫，连《科学美国人》这样的优秀期刊都将这项技术的主要功劳归于另一个国家。当然，德国人给了我们赫兹波[2]，俄国、英国、法国、

---

[1] 天电干扰，由大气放电现象产生的干扰。

[2] 海因里希·鲁道夫·赫兹（1857年2月22日—1894年1月1日），德国物理学家，于1888年首先证实了电磁波的存在，并对电磁学有很大的贡献，故频率的国际单位制单位赫兹以他的名字命名。

意大利的专家们迅速将赫兹波应用于了信号发射。这是赫兹波的一个显著应用，由未经改进的老式经典感应线圈来完成这个目的，几乎就是另一种反光通信。这种方式传输范围非常有限，得到的信号几乎没有价值。而赫兹波作为情报传输方式，大可以由声波替代，1891年我曾提倡过。而且，这些尝试都是在今天普遍采用的无线系统其基本原理和关键技术在美国已清楚表述并且发展成熟3年后进行的。

今天已经看不到那些应用赫兹波的装置和方法了。我们走的是一个完全相反的方向，我们的成果汇集了这个国家所有公民的智慧和努力。那些重要专利已经到期，机会将向所有人敞开。部长的主要观点依据是信号干扰，根据其发表于7月29日《纽约先驱报》上的文章，从强大的信号站发出的信号在世界上的每个村庄都会被阻断。鉴于这一事实——1900年在我的实验中已得到证实，在美国施加限制几乎不起作用。

在阐明这个问题时，我要提一句，就在最近，一个相貌奇怪的先生前来拜访我，想要我帮忙在一个遥远的国家建造世界发射机。他说："我们没钱，但是有一车一车的纯金，我们给您随便多少都可以。"我告诉他我想先看一看我的发明在美国会怎样，就此结束了我们的谈话。由于某些黑暗势力的破坏，随着时间流逝，保持通信连续便愈发困难。唯一的解决办法是，建造一个完全不受干扰的系统。这个系统目前已经完善，它是存在的，唯一要做的就是让它投入使用。

可怕的思想冲突仍然是最突出的，也许发射机在战争攻防中的作用，尤其是在自动遥控装置方面的应用最受重视。这项发明是我始自少年时代并持续一生的观察结果。首批成果发布时，《电气评论》发表评论员文章称，这项发明将是"推动人类文明发展的最强劲的因素之一"。这个预言距离实现的日子并不遥远。1898年和1900年，我向政府提供了这项发明，如果他们想获得亚历山大支持时我也归入了亚历山大麾下，那么这项发明已经被政府采用了。当时我真的以为因为拥有无穷的破坏力并可以排除战争中的个人因素，这项发明能够消除战争。但是，在我还未对它的潜力失去信心时，我的观点便改变了。

第六章 放大发射机

除非能够消除引发战争的物理原因——归根结底是我们生存的地球之广袤——否则战争便不可避免。只有消除情报传输、客运和物资运输、能量输送等各方面的距离，才可能在某一天创造条件，保证永久的友好关系。现在我们最希望的是，世界各地个人与社会之间能够更密切地联系，更好地相互理解，消除对民族利己主义和民族自豪感这种高尚思想的狂热忠诚。这种狂热的忠诚很容易将世界带入原始的野蛮和冲突中。没有任何联盟或议会法能够永远阻止这种灾难。这些不过是将弱者置于强者摆布之下的新策略。

关于这一点，14年前我已发表过意见，刚故去的安德鲁·卡耐基[1]当时提倡几个主要国家政府结成联盟，有点类似神圣同盟[2]。在总统致力促成联盟之前，卡耐基比其他人为这个想法的实现做了更多的宣传和推动，也许可以说是这个想法的首推者。尽管不可否认，对一些贫困的人来说这些方面可能具有物质优势，但却无法实现我们所追求的主要目标。只有全世界获得启蒙，实现种族融合，和平才会自然而然地到来，而我们距离这一福祉的实现仍然很遥远，因为的确很少人会承认这一现实：上帝按照自己的样子创造人，因而所有地球人都是相似的。事实上，只有一个种族，这个种族有许多不同肤色的人。耶稣只有一个，但他属于所有人，所以不明白为什么一些人会认为自己比其他一些人优越？

---

[1] 安德鲁·卡耐基（1835—1919年），美国的"钢铁大王"。卡耐基曾希望促成各国领导就和平问题召开意义深远的会议，但第一次世界大战爆发，使他最终未能实现这个心愿。

[2] 神圣同盟是1815年9月，在俄罗斯帝国皇帝亚历山大一世的倡议下，俄罗斯帝国皇帝亚历山大一世、奥地利帝国皇帝弗朗茨二世和普鲁士王国国王腓特烈·威廉三世三国君主在打败法兰西第一帝国皇帝拿破仑一世后缔结的同盟，目的是维护君主政体，反对法国大革命在欧洲所传播的革命理想。

审视今天的世界，鉴于我们目睹的那场巨大冲突[1]，我坚信美国若能始终恪守自己的传统、忠于它自称信仰的上帝、远离"混乱的联盟"，便会为人类的利益做出最佳贡献。正如它所处的位置，在地理上远离冲突频发之地，没有扩张领土的动机，拥有取之不尽的资源和满怀自由、正义精神的众多人口，这个国家享有独一无二的优越地位。因此，相比作为联盟成员国，保持独立能够使她更审慎、更有效地对所有人的利益施加其强大的力量和道德影响力。

我已详细讲述过我的早年情形，讲述过我遭遇的折磨，这些折磨使我必须不间断地进行想象和自我观察。这种精神活动最初是在疾病的折磨下被迫进行的，后来逐渐成为习惯并使我最终认识到，我只是一个在思想和行动上缺乏自由意志的机器[2]，只对环境力量负责。我们的身体构造如此复杂，我们做的运动极多且极复杂，外界印象在感官上的投射极其微妙难懂，普通人难以解释这个事实。然而，对于专业的研究者来说，没有任何观点比300年前笛卡尔[3]已经有所了解并提出的生命机械论[4]更能解释这个事实。在笛卡尔时代，我们机体的许多重要功能，尤其是关于眼睛对光的折射以及眼睛的构造和运转原理，尚为未知数，哲学家们对此并不清楚。

近年来，这些领域的科研进展十分迅速，大量论述这一观点的著作陆续发表，这个观点已完全得到证实。在机械论观点的支持者中，最能干、最有口才的也许要属菲力克斯·勒当泰科，巴斯德[5]的前助手。雅克·洛布[6]教授进行了令人瞩目的趋光性实验，证明光可以控

---

[1] 本书是特斯拉在63岁（即1919年）时完成的自传，由特斯拉于1917年8月—1919年7月在《电气实验者》陆续发表，一共包括6篇文章。这里所说的"巨大冲突"应该是指"一战"（1914年7月28日—1918年11月11日）。

[2] 作者的这种想法显然受到笛卡尔机械论观点的影响，本页第[4]条注释。

[3] 笛卡尔（1596—1650年），法国著名哲学家、物理学家、数学家、神学家。

[4] 笛卡尔认为，所有物质的东西都是为同一机械规律所支配的机器，甚至人体也是如此。

[5] 巴斯德（1822—1895年），法国著名的微生物学家、爱国化学家。

[6] 雅克·洛布（1859—1924年），生于德国的美国生理学家和生物学家。

第六章 放大发射机

制低等生物的生长,这在他的新书《被迫运动》中可以看到。但是科学家们只是像接受其他公认的理论一样接受这个理论,而对我它却是一个我时刻以自己的每个行动、每个想法证实的真理。我能够意识到使我产生任何(无论是身体上的,还是心理上的)反应的外界印象并永远能够回忆起来。只有在极少数情况下,当我的注意力格外集中时,我难以确定原始刺激的来源。人口数量越来越多,人们从来没有意识到身边以及自身所失去的东西,数百万生命沦为疾病的受害者并因此早亡。最常见的事、每日发生的事在他们看来却不可思议,难以解释。一个人也许突然感到一阵悲伤,如果他注意到是一片云遮挡了阳光引起的,他便绞尽脑汁想原因。如果他刚在街上从一位挚友身边经过或者刚在某个地方看过这位挚友的照片,这时他看到挚友就会认为挚友的样子很奇怪。他丢了一粒领扣,会小题大做、咒骂一个小时,却无法回想起之前所做的事情从而立刻确定纽扣丢失的地方。观察不足只是愚昧的一种,许多流行的病态观念和愚蠢想法都是由它引起的。不相信死者与自己存在心灵感应、精神交流或会以其他方式显灵的人,每10个人里面不超过1个人,谁不会听信那些情愿或不情愿的骗人的话?

为了说明这种思想已经多么根深蒂固,甚至在一些头脑清楚的美国人中也是如此,我讲一件好笑的事。战争爆发前不久,我在这个城市展示了我发明的涡轮机,引起大量技术论文对此进行广泛评论,我预料制造商们会争抢这项发明,而我特别期盼底特律的那位制造商,他积累财富的能力十分惊人。我十分自信地认为他迟早会出现,所以便向秘书和助手们断言他一定会来。果真,一个明媚的早晨,从福特汽车公司来的一伙工程师到达后要求与我商谈一个重要项目。我得意洋洋地对我的员工们说:"怎么样,我说的没错吧?"其中一位员工说道:"您太神奇了,特拉斯先生,什么事情都与您预料的完全一样!"

特斯拉与水力发电涡轮机

特斯拉在书桌前工作

第六章　放大发射机

　　这些冷静务实的先生们一落座，我当然立即开始吹捧我的涡轮机特性如何好了，忽然那位发言人打断了我的话，他说："这些我们都知道，但我们来是有一件特殊的事情。我们成立了一个心理学会专门研究灵异现象，希望您加入这项事业。"我想这些工程师大概永远都不会知道他们差一点就被我轰出了办公室。那以后一直有一些当时最伟大的人、名垂千古的科学界领头人告诉我，我拥有一个不寻常的大脑，我把思考才能全部用在了解决伟大的问题上并且不计牺牲。有很多年，我一直竭力想要解开死亡之谜，并密切留意着各种灵异迹象。但我有生之年只有一次感受到了超自然力量，令我印象深刻。那是在我母亲逝世期间。由于痛苦和长时间的警觉，我已经彻底筋疲力尽了，一天晚上我被送到了与家隔两条街区的房子里。我无助地躺在那儿，心里想如果母亲在我不在她身边的时候去世，她一定会给我提示。两三个月前，我和一位最近刚去世的朋友威廉·克鲁克斯[1]一起在伦敦，我们讨论到灵魂，当时这些想法对我影响很大。可能我没有注意对其他人如何，但是我很容易受他的观点影响，因为正是我学生时代读了他那本论述辐射物质的重要著作，才走上了研究电气的道路。我思索自己拥有看到来世的极佳条件，因为我的母亲很有天赋，尤其直觉力超常。整整那个晚上，我大脑的每根神经都紧张地期待着，但直到第二天清晨什么都没有发生，之后我便睡着了或者说昏晕了过去。睡梦中，我看到一片云彩载着天使般格外美丽的人们，其中一位慈爱地望着我，然后渐渐变成了母亲的样子。她缓缓地从房间飘过，然后消失，接着我便在众人合唱的美妙歌声中醒来。那一瞬，我突然莫名地确信，母亲刚刚去世。这是真的。此前刚听说了这令人沉重、痛苦的显灵之说，我实在无法理解，便给威廉·克鲁克斯写了一封信。当时，这些印象仍然占据着我的脑海，而我的身体状况也还很差。康复后，我便很长时间都在寻找这奇怪的显灵现象产生的外因。令我深感安慰的是，在努力数月后我终于找到了。

---

[1] 威廉·克鲁克斯（1832—1919年），英国著名物理学家与化学家。

我看过一位著名画家的油画，画中云朵寓意一个季节，一群天使就像飘在空中，这幅画曾令我深受震撼。它与我梦中的景象完全一样，只不过梦中出现了我母亲的形象。复活节早晨举行弥撒[1]时，从附近教堂唱诗班传来的音乐，完全解释了这一切都与科学事实相符。这发生在很久以前，自那以后，再也没有任何理由使我改变对灵异现象的观点，因为这完全没有根据。不再相信存在灵异现象是智力发展的自然结果。宗教教条的正统意义不再为人们接受，但是每个个人会坚信某种至高无上的权力。

我们所有人都必须拥有一个典范以管理我们的行为、满足我们的需求，但这个典范是教义、艺术、科学，还是其他的东西，并不重要，只要它具有去物质化的功能就可以。形成共同观念对整个人类和平极为重要。我未能找到支持心理学家和唯心论者那些论点的任何证据，但却圆满证明了生命机械论观点。我不只是持续地观察个人行为，而且将这些个别行为推及一般，从而归纳出了这个结论。我认为这些是一项重要的发现，它标志着人类社会最重要的时刻，关于这一点我将简单论述。

我第一次感知到这个令人震惊的事实是在青年时期，但是有很多年我都认为自己所注意到的现象只是一种巧合。也就是说，我自己或者与我相联系的人或者我所致力的事业，无论何时受到他人特别的伤害（一般来说，这种伤害最显著的特征大概便是你能想象到的最大不公），我便会感到异常的、难以描述的痛苦。由于我没有找到更好的词，暂且用"无边的"来描述这种痛苦。而之后不久，那些施加这种痛苦给我们的人总会遭到不幸。在这种情况发生多次后，我向一些朋

---

[1] 弥撒亦称感恩祭，是天主教的宗教仪式。其名称来自拉丁文"Missa"的音译，意思是"聚会，聚集"。弥撒来源于《圣经·新约》的最后晚餐。据称，举行这种仪式就是重复基督耶稣在十字架上对天主的献祭。该仪式由神父主持，他宣称，祝圣后的葡萄酒与面饼已变成了耶稣的"圣血"和"圣体"，让参加祈祷的信徒分食面饼。信徒们认为，吃了耶稣的圣体，就可以获得天主的恩宠，又认为食圣体可收永生赎罪之效。

第六章 放大发射机

友吐露了这个发现。这些朋友可能会信服我逐渐阐明的这个理论，它可以用下面几句话来表述：我们的身体构造相似，所受到的外部力量相同，从而使我们对社会及其他一切规律、法则所建立的基础——一般活动，具有相似的反应和一致性。我们是完全由媒介力量控制的机器，就像浮在水面的软木塞被颠来晃去，却误把外界推动的结果当作了自由意志。我们的运动和其他行为都是一种自我保护，尽管表面上我们彼此完全独立，但却被无形的纽带连接在一起。只要这个有机体运转良好，便能准确地响应各种刺激因素，但任何个体出现精神错乱后，他的自我保护能力便会受损。

当然，人人都懂得，如果一个人成了聋子，或者视力减弱，或者四肢伤残了，他的生命的存续机会便会减少。但大脑的某些缺陷也同样如此，甚至影响更大。大脑驱动着这个具有重要特性的机械装置，大脑损伤会使这个机械装置迅速遭到破坏。一个人观察敏锐，具有高度成熟、完好无损的机械装置，能够根据环境条件的变化准确做出反应，便天生具有机械感觉，从而能够避开那些隐约的、难以直接感知的危险。当他与控制器官极度缺陷的人接触时，这种天生的机械感觉便会不断冒出来，从而使他感到"无边的"痛苦。

这个事实已由数百个例子证实。我目前正在请其他学生也来关注这个课题，相信通过有系统的共同努力，我们将获得对世界极具价值的成果。建造一个自动机器来证实我的理论，这个构想我很早就有，但是直到1895年我开始研究无线后，才进入实质阶段。在随后的两三年内，我在实验室里建造了大量从远处驱动的自动机器并向参观者们进行展示。然而，1896年，我设计了一个完整的能进行许多操作的机器，却直到1897年年末，这些工作才取得圆满成功。我发表于1900年6月这期《世纪杂志》及当时其他一些期刊上的文章有关于这个机器的插图和描述。1898年年初，我首次展示这个机器时，它产生的轰动是我其他的发明从未有过的。1898年11月，我被授予关于这些新技术的基础专利权，但是在审查长到纽约看过我的演示之后才被授予，因为我所断言的这些似乎令人难以置信。我记得之后我拜访了华盛顿的一位官员,希望向政府提供这项发明,我告诉他我所完成的发明后,他哈哈大笑起来。当时没有人认为这种机器有一线希望达到完美。不幸的是,我听从律师的建议,在这项专利中指出控制作用是通过一个单电路和一种广为人知的检测器实施的。因为这个原因,我的制造方法和个性化装置还未得到保护。事实上,我的船是由数条电路联合作用、共同控制的,可以排除各种干扰。

通常,我采取环形的接收电路,包括冷凝器,因为我的高压发射机产生的放电会使实验室的空气电离,所以即使一根非常小的天线也会持续几个小时从周围空气中吸收电流。为了使大家有所了解,举个例子,我发现一个高度耗尽的、直径12英寸电灯泡,带有一个连着一根短电线的单端,就足以在实验室所有空气的电荷变为中性之前连续释放1000次闪电。环形接收器对这类干扰不敏感,我注意到直至最近它们才流行起来,实在很奇怪。事实上,环形接收器聚集的能量远少于天线或长接地线,但它碰巧可以消灭目前无线装置所固有的大量缺陷。

下水的特斯拉潜艇图示

在向观众演示我的发明时,要求参观者随意发问,自动机器会通过手势来回答他们。当时大家觉得这很神奇,但其实很简单,因为是我自己通过机器在答复观众。同一时期,我制造了另一艘更大的自动

第六章　放大发射机

遥控船,有一张它的照片刊登在《电气实验者》1919年10月刊上。这艘船由环形电路控制,船体内置有数个转向装置,材质水密性极佳,能够潜入水中。这艘船与第一艘相似,只是增加了一些特性,例如引入了白炽灯,从而能够看清机器本身的运转。这些自动装置只能控制在操作者的视线范围内,但却是我的自动遥控技术发展构想的第一步,也是非常粗糙的尝试。

接下来的改进自然是对视线之外、距离控制中心很远的自动装置实现遥控,自这时,我便提倡将它们作为优先于枪支的战争武器。从报刊上一些非正式的公告来看,现在人们似乎已经意识到这一点的重要性,据说它表现出众,但却没什么新奇的,诸如此类。它和现有的无线设备虽然可用于发动飞机,使它沿着某条近似轨道运行并在几百英里之外执行某个操作,但是效果还不完美。这种机器也可通过几种机械方式控制,我完全相信它未来会在战争中发挥作用。但据我所知,当今现有的手段并没有能够严格实现这个目标的。我数年致力于这项研究,已经找到了更好的方法,能够轻松实现这个奇迹以及更大的奇迹。

正如前面所述,我在大学期间构想了一种飞行器,与现在的很不相同。它的基本原理很可靠,但因缺乏能够支持这项伟大活动的原动机而无法实施。近些年,我已经成功解决了这个问题。现在,我正在设计没有机翼、副翼、螺旋桨及其他外部附件的航空机,从而实现巨大的速度而且很可能在不久的将来为维护和平提供强大支持。这种机器的持续运转和推动"完全靠反作用",我的演讲稿中有一页展示了这种机器。它应该既可由机械方式控制,也可由无线能量控制。通过安装恰当的设备,它便可用于"发射和回收导弹等",而且几乎能够将其回收到远至几千英里的准确指定地点。

但我们不会止步于此。能够像拥有智力一样行动的自动遥控装置终将制造出来,它们的到来将会带来一场革命。早在1898年,我便建议一家大型制造企业的代表们制造一辆汽车自己便能进行大量需要类似判断的操作并公开展示。但是当时我的提议被视为空想,不会有任何结果。目前，许多最聪明的人正在努力设想一个权宜之计来阻止这场可怕的冲突再次发生，它只是理论上结束了。我在1914年12月20日《太阳报》发表的一篇文章中准确预测了其持续时间和主要问题。所提议的联盟不是解决之道，相反，在许多有能力的人看来，可能带来正好相反的结果。

  尤为遗憾的是，在制定和平条款时采用了一项惩罚性政策，因为今后几年，国家之间作战可能不用军队、军舰或者枪支，而是比这些可怕得多的武器，它的破坏性和破坏范围几乎无限大。任何一个城市，不管与敌人隔着很远的距离还是什么，都会被敌人毁坏，根本没有力量能够阻止他做这些。如果我们想避免即将发生的灾难，避免将地球变为地狱的事态发生，就应该一刻不耽搁地集国家之力推动飞行器和无线能量传输的发展。

附　录

电动汽车——关于未来动力的看法[1]

纽约《制造商档案》特约记者艾伯特·菲尼克斯先生：

　　尊敬的先生，回答您昨天的提问，电力用以推动汽车当然是一个合理的想法。很高兴得知里布先生已经着手这方面实践了。他在通用电气有限公司及其他公司有过长期的工作经历，这必定使他成为这项工作的绝佳人选。

　　毫无疑问，通过这种方式能够制造出非常成功的机器。这是一个探索不尽的领域，这种在原动机与车轮之间引入电力的新型汽车，在我看来，前景无限。

---

[1] 当时，《制造商档案》和一些杂志发表了系列文章，论述了通过内燃机用于海陆运输工具的新型动力源的发展，引起了公众极大兴趣。本文为特斯拉参与关于新型电动汽车（设计者为曼哈顿运输有限公司机械工程师查尔斯·A.里布）的讨论之后，所发表的署名文章。

我多年来一直在倡导这一原理。你会在大量的科技出版物中发现我为此撰写的文章。在《世纪》杂志1900年6月的一篇文章中，关于这个话题，我曾写道："蒸汽机船和火车仍然依靠蒸汽动力直接用于船舶轴或者车轴进行推动。而通过使用特殊设计的高压蒸汽机或内燃机所推动的发电机，替代船舶引擎和机车，利用产生的电力作为推动力，燃料热能转化为动能的百分比要大得多。此外，通过这种方式，可以保证燃料产生的有效功率达到百分之五十至百分百。难以理解的是，这样显而易见的事实却没有引起工程师们更多的关注。"

神奇的特斯拉汽轮机，蒸汽从叶片之间迅速向上流动

乍看之下，通过引擎产生电力，再靠电流推动车轮，而非靠车轮与引擎之间的机械连接带动车轮，这个过程似乎复杂又多余。但事实并非如此；正相反，使用电力作为推动力具有许多实际优势。这一想法在铁路以及远洋班轮上的广泛应用只是时间问题，虽然用于远洋班轮存在一些不太有利的条件。铁路公司为何坚持使用普通机车实在令人费解。给火车提供一个引擎，该引擎可以产生电力并通过车辆下部的电动机进行运作，便可以使火车更高速、更经济地运行。法国的埃尔曼已经做到了这些，尽管他的机器还不是最好，但他取得的这些成果令人称赞且令人鼓舞。我估计远洋班轮在速度和节能方面也会获得

显著提升，而由于多方面的原因，远洋班轮由此获得的改进将尤为可喜。在不久的将来，石油很可能被用作燃料，这将使新型推动方式变得更加可行。电气制造公司几乎无法满足对发电机和电动机的这种新型需求。

特斯拉遥控船半透明复制品，展于塞尔维亚贝尔格莱德尼古拉·特斯拉博物馆

汽车领域在这一方面几乎没有任何行动，但却似乎为这项原理的应用提供了最佳机会。然而，问题是采用何种电动机——直流电动机还是我的感应电动机。直流电动机在启动和调速方面具有某些优势，但汽车上的换向器和电刷却令人非常讨厌。鉴于此，我会提倡使用合乎理想的简单机器——感应电动机，它永远不会发生故障。由于可以采用超低频和三相以上的电压，所以条件非常理想。调速方面几乎没有难度，而这种新型汽车一旦生产出来，便会立刻显示出优势。

敬启

尼古拉·特斯拉

12月17日，于纽约

（本文原载于1904年12月29日《制造商档案》）

飞机的小小进步

致《纽约时报》编辑：

不久前读到飞机的"天大秘密"得以揭示的报道，感到非常有趣。人们把这一古老的装置想象得非常神秘，对这篇报道津津乐道、充满兴趣；但有一个简单的事实是，工程师们熟知各种飞行器，并且无须试航，便能够设计用于执行任何特殊任务、准确度极高的各种飞行器。飞行器已经成为真实的存在，它的实现不是依靠发明上的突飞猛进，而是难以察觉的缓慢进展；不是依靠个人独创性的工作，而是带来汽车和汽船的许多因素的共同作用。它应归功于钢铁、石油、电力及其他企业在改进结构材料、制造高能燃料上提供的帮助，以及技艺精湛却默默无闻的大量技工为完善内燃机数年来的不懈努力。

那位大胆的巴西人所驾驭表演的桑托斯·欧蒙特[1]的飞行器与30年前里纳德[2]和克雷布斯[3]所制造的空中气球并无显著不同。兰利和马克西姆所制造的航空器尽管未能起飞，在我看来，却比最近出现的那些仿制机更佳。大功率的汽油发动机自此问世，可以说它是唯一实质性的改进。

然而迄今，只有自航机或自航空中汽车有望成功。尽管空中气球正迅速走向商业化阶段，但尚未像重于空气的机器一样，取得实质性成果。这种装置无一例外地脆弱而不可靠。发动机相对功率来说，重量过轻，运行几分钟后便熄火；螺旋桨叶飞落，方向舵失灵，在一系

---

[1] 桑托斯·欧蒙特（Alberto Santos-Dumont，1873—1932年），巴西发明家、航空技术先驱，对重量轻于空气及重量重于空气的飞行器发展均有重大贡献。

[2] 里纳德（Charles Renard，1847—1905年），法国军事工程师。

[3] 克雷布斯（Arthur Constantin Krebs，1850—1935年），法国军官、汽车工程先驱。

列这种常见的灾祸之后，随之而来的便是一场无法避免的总体撞机事故。齐柏林伯爵严谨出色的工作与这些毫无必要的危险试航形成了强烈对照。他正在建造一架真正的安全而可靠的飞行器，将12人及其必需品运载上万英里远，其速度远超飞机。

靠自力推进的自航机，无论重量大小，限制其改进的因素已经明确。我们清楚地知道完善内燃机、克服阻力、突破螺旋桨局限性会带来什么。无线电力传输是实现超高速的唯一完美而持久的解决之道。

在这方面，许多专家都错了，认为空气密度只是水的密度的百分之一，因而便应该能够达到巨大的速度。但事实并非如此。应该考虑到，空气的黏性是水的100倍，仅此一点，飞行机的速度便不可能比设计合理的水艇快很多。

兰利式飞机，例如福尔曼和其他人使用的这类飞机，取得一些成功，但由于不具备使飞机在下降流中继续飞行的措施，难以称为真正的飞行机。能够在下降流中继续飞行以及与驾驶员的操作相独立的完美平衡对重于空气的飞行机的成功至关重要。我正努力在自己设计的飞行机中实现这两方面的改进。

尼古拉·特斯拉
1908年6月6日，于纽约
（本文原载于1908年6月8日《纽约时报》）

尤因高频交流发电机与帕森斯蒸汽机

在11月18日出版的这期贵刊中，我看到了一段关于尤因教授的高频交流发电机的描述，让我很高兴，因为它向我传递了一个信息，那就是尤因教授以及与他在一起的其他科学家，将要研究高频电流的特性。如果使用贵刊所描述的这种设备，不久一些比我能力更强的实验人员，将能够对迄今尚未完全开发的领域进行研究，并且无疑将会发现新的事实，并消除可能的错误。

如果我说，事实上，在很长一段时间里，我同样想到将这种蒸汽轮机和高频交流发电机结合，我希望这不会被解释为我想贬低尤因教授的成绩。我还是画家。我有许多这类涡轮机的设计图，要是这里的涡轮机容易购买且价格便宜，要是我的注意力没有转到其他地方，我肯定早就将这些涡轮机做出来了。这个组合，贵刊起了一个很复杂的名字，我认为这个组合很棒。高速与这种交流发电机结合后，优点尤其突出。用皮带做驱动时，为了获得必要的速度，必须采用非常大的直径，这种完全不合理的比例增加了制造难度和成本。最近我在实验中使用的机器，能动部件的重量小于50磅，但支撑框架中其他部分的重量却超过了100磅，一个非常精心的构件很可能大大增加它的重量。当它在电枢电路中以最大速度运行并具有适当的容量时，可以产生2.5马力。当然，大直径（30英寸）利于辐射；但另一方面，间隙太小时它便无法工作了。

我观察到，尤因教授已经使用了带有互芯的磁铁。在我最初的试验中，我想用莫迪式的机器得到最佳结果，即一台有同极极点突出的机器。我的想法是把磁场激发到铁的磁导率的最大点上，并改变该点周围的感应。但我发现，虽然只有很少突出，但用大量的极点突出，这种机器无法达到最佳效果，而用没有铁的电枢，如莫迪所使用的那种，却能获得极佳的结果。在我的研究过程中有许多性质相似的经验表明，磁路的一般规则并不太适用于高频电流。在有重量的物质中，当频率在很大的范围内变化时，磁导率和特定的电感容量必定发生相当大的变化。这将很难准确地确定铁芯通过快速的磁化周期所耗散的能量，以及在导体和冷凝器中通过快速的电流反转所耗散的能量。在这些领域中有许多值得做的有价值的工作，其中很容易观察到新现象，但很难做定量测定。尤因教授的系统研究成果将引起人们的极大兴趣。

　　令人欣慰的是，我从他的试验中注意到涡轮机正在迅速改进。虽然我知道大多数工程师不赞成采用它们，但我还是要说，我相信涡轮机会成功。我认为在不久的将来，它们的主要用途将与交流电动机有关。通过交流电动机，它们可以容易地获得恒定的减速，并且能够以任何期望的比率。一些人反对用涡轮机推动直流发电机，因为速度太快，所以整流器将会成为其损失和麻烦来源；但是用交流发电机的话，便没有任何令人讨厌的特性。不管一个人有多么反对涡轮机的应用，他都一定会惊奇地看到这个奇特的行业分支的发展。帕森斯先生是这个行业的先驱，大家都会祝他成功，他技术卓越，成功是他应得的。

（本文原载于1892年12月17日《电气技师》）

论无线电力传输

致《世界报》编辑：

我非常喜欢钢铁公司主席贝尔先生发表于本月10日《世界报》上的那番关于无线电力传输的奇怪预言。

出于对这所伟大机构的敬意，恕我直言：如果其主席是一位真正的预言家，他当时一定有些睡过了头。如果休先生愿意仔细研读我的8200号英国专利，我将深感荣幸。其中记录着我的一些发现和实验，也许会让他大大缩减对其预言实现时间的保守估计——至少100年。

就个人而言，基于对这项我投入最多精力的技术的了解，并为将来能够作为参考，以及作为对我的科学预测准确性的验证，在此，我将毫不犹豫地说，由无线传输电力推动的飞行器和轮船10年后将不再是奇迹。如果不是有"思想僵化"这种东西在阻挠革命性的想法，我会说5年。

认为人类具有高级特征，因而其身体进化便遵循非普遍的自然法则，这是愚蠢的想法。如果发明天才明天就能揭开长生不老的秘密、永葆青春美丽的秘密该多好啊，因为这是所有人的渴望。阻碍物体突然改变速率的因素，与阻碍新知识发展的因素同样顽强，但时间会逐渐转变人们的观念。

然而，更令我感到好笑的是载于本月11日《世界报》上的那篇对海军承包商路易斯·尼克松的采访。著名的俄勒冈设计师并不比我肖勒姆的农民邻居更擅长编辑之事，这可能吗？没有人能逃脱成见。

关于地球所储存的电能我们并非一无所知。所有这些电能加起来对于工业用途来说仍然微不足道。地球上流动的电流电量巨大，但电压很小，虽然具有电流的表现但几乎没有用处。而且，尼克松打算怎样使电流不走电阻低的自然路径，而走电阻高的人造路径？他当然知道水不可以从山下往山上流。他将取之不尽的动态的风能与微弱的静态的地球磁能相比较,十分荒唐。

他打算建造的水雷[1]并不新鲜,其原理很旧。我可以请他参考九年前我提出的一些建议。这个想法的实施面临许多实际困难,而且由于已经有了更好的破坏潜水艇的方法,这样的水雷是否还要建造令人怀疑。

尼克松未能明白,在我的无线系统中,传输效果不会随距离增大而减弱。赫兹波与无线系统并无关系,除非我的一些装置可能会用于赫兹波产品。科依诺尔钻石[2]也可能会用于切割窗玻璃。尽管这种似是而非的悖论任何智力正常的人都很容易就能明白。

想象一下,地球是一个空壳或者容器,内部的发射机会将某种流体,如空气,进行压缩用以操作各处的机器。如果这个容器被用来为电动机供应压缩流体呢,会有什么不同?答案是不会有任何不同,因为压强处处相等。我的电力系统也是如此,从各方面考虑,它都是有利的。在这类配电机械系统中,不可避免会产生巨大的损耗,而且传输的电能性能存在着明确的限制。而在无线供电系统中则不会如此。与电厂所在位置完全无关,从尼亚加拉、维多利亚或其他瀑布处的一座电厂,将5万马力的功率,传输给我们的一艘班轮并不困难。事实上,不管电厂在船舰附近还是在1.2万英里外的地球两端,损耗之差不会超过百分之一。

尼古拉·特斯拉
1907年5月16日,于纽约
(本文原载于1907年5月19日《纽约世界报》)

---

[1] 水雷是一种布设在水中的爆炸性武器,它可以由舰船的机械碰撞或由其他非接触式因素(如磁性、噪音、水压等)的作用而起爆,用于毁伤敌方舰船或阻碍其活动。

[2] 科依诺尔钻石产自印度戈尔康达,现在在英国伦敦塔,是人类历史上最珍贵的八颗钻石。

关于J.P.摩根函

致《晚邮报》[1]编辑：

先生，贵报的许多读者，包括我自己，都将感激贵报发表一系列富有正义和说服力的社论，披露了对J.P.摩根公司[2]事务的调查情况。贵报对这些不公正行径的谴责毫不为过。他们的龌龊本性越来越多地被暴露出来，即使最麻木的旁观者也能明显看出，这家著名银行的信用和名誉有着如磐石一般坚固、不可动摇的根基。这项调查被推进到如此深入的程度也许是一件幸事，因为在这种最需要信心的时期，正在经历这些攻击的摩根家族，也许正为这个国家提供着价值不可估量的服务。

---

[1] 即《纽约晚邮报》（New York Evening Post, 1801—1934年），现为《纽约邮报》（New York Post），创办于1801年，是美国历史最悠久的报纸之一。

[2] J.P.摩根公司的前身是美国商人乔治·皮博迪于1838年在英国伦敦设立的一家商人银行。1854年，美国新英格兰地区的商人朱尼厄斯·摩根成为皮博迪的合伙人，并于1864年接管公司，将公司更名为J.S.摩根公司。1861年，朱尼厄斯·摩根的儿子皮尔庞特·摩根在纽约建立了J.P.摩根公司，是J.S.摩根公司在纽约华尔街金融区的分支，后来不断发展壮大。J.S.摩根公司于1910年更名为摩根建富，成为J.P.摩根公司在伦敦金融中心的分支。在19世纪末和20世纪初，J.P.摩根公司协助建立了美国工业的雏形，专为美国钢铁公司、通用电气公司、美国电报电话公司等大型工业公司和铁路业的发展提供融资，在这些公司乃至整个美国工业的发展过程中起着关键的作用。

为集市供电的主要的西屋交流多相发电机

特斯拉制造的为游乐场供电所用的西屋交流配电盘

公众甚至并不了解这家公司在推动美国发展中所起的作用。他们为在世界各地促进美国利益、为增强这个国家的实力与威望所起的作用，大过其他任何力量。没有他们的资金援助，许多大型企业都无法建成。他们帮助爱迪生将发明商业化，慷慨资助我的科研项目。爱迪生和我只是在其帮助下工作得以进行的数百位发明家、工程师、艺术家和科学家中的两位。其他人都关门拒绝，唯有他们借贷资金、维稳市场、提振经济，且不像其他人持观望心态，而是倾尽力量和资源，不惜承担风险。他们所增加的国家财富难以想象。

约翰·皮尔庞特·摩根，特斯拉沃登克里弗塔的资助者

附　录

　　我与这家伟大银行的创始人私交很好，并知道其继任者们仍在传承其精神。他树立了榜样，继任者们则以近乎宗教式的热情努力效仿。值得尊敬的人处处可见，但在摩根银行，我看到了大度、高尚和坚定的品质，具有这样品质的人现在真的非常少了。

　　当我读到有人试图查出 J. P. 摩根公司交易中有损信用的行为时，我只能微微一笑。100 起这类调查所发现的任何东西，在公正的法官看来，都将是完全体面、公平、正当的，且在各方面都符合商业最高理想和道德标准。我愿以性命担保。

尼古拉·特斯拉
1933年6月2日，于纽约

展望未来

致《纽约时报》编辑：

在贵报3月11日的一篇报道中，之前未曾注意，现在发现在前述场合下我发表的一些言论引起了误解，请允许我修正。

谈及未来战争时，我想说的是应该直接应用电波指挥战争，无须使用航空发动机或者其他的破坏工具。这意味着，正如我当时所说的，将会是理想的选择，因为不仅战争所需要的能源能够轻易维持，而且在和平时期它也十分有用。这不是梦想。即便现在，在全球任何不宜居住的地区都可以建造无线发电厂，而不会使其他地区的人们遭受危险或不便。

我曾说过，那些致力于征服物质世界的科学家们，其最伟大的成就无非是我在一次未发表的演说里所提到的那些成就，我引用如下："根据一项已被采纳的理论，每一个具有重量的原子都有别于质地稀薄的流体。对流体而言，遍布空间的只有旋转运动，如平静的湖泊里水流的回旋。通过旋转运动，液体乙醚将变为粗糙的物质。当旋转运动受到阻止后，乙醚的基本物质又将回复正常状态。那么，人类似乎可以以驾驭的能源为媒介，通过合适的中介使液体乙醚开始或者停止旋转，从而使物质形成或者消失，听凭人类使唤。人类几乎毫不费力，便可以使旧的世界消失、新的世界诞生。人类可以改变地球大小，控制其季节，调整其到太阳的距离，使沿着恒定轨道运行的地球可以沿着人类所选择的任何轨道穿过深邃的宇宙。他可以使行星相互碰撞从而自己制造太阳和恒星、热源和光源；他可以创造形式千变万化的生命。随意掌控物质生死将成为人类最重大的举动，使人类能够控制物质的创造，实现人类的终极命运。"

正如报道所言，在我看来，再没有任何东西比遍布世界各地的无线电话更堪称"人类最伟大的成就"。无论怎样令人震惊,事实上,这是任何专家都能轻易完成的一项壮举。为了进行这项研究,我专门建造了一座工厂。人们普遍认为,无线创造的种种奇迹都只是想象,并非卓越的技术成果。事实是,这位电气技师已经有了一盏真正的阿拉丁神灯。他所要做的只是擦一擦神灯。现在,擦阿拉丁神灯并不算什么难办的事情。

如果你渴望这些更为伟大、影响更为深远的奇迹能够尽快实现,你能做的最好的事情便是,坚决反对任何意图妨碍对水力发电与无线技术进行自由商业开发的行为。人类的进步必然依靠这些技术的发展,因而小小的阻碍,尤其是通过国家立法机构所进行的阻碍,都可能会将人类文明与和平事业的发展推迟几个世纪。

尼古拉·特斯拉
1908年4月19日,于纽约
(本文原载于1908年4月21日《纽约时报》)

电力发展及未来奇迹

我是贵报的一名读者,时常保存一些感兴趣的报摘便于将来参考。

其中有一篇是威廉·恩格尔于1934年6月29日在贵报发表的一篇论述水力发电发展的文章。作者在这篇文章中,称我近期关于一种取之不尽的新型能源的声明"概念模糊"。

初步的信息必定不完整,但我一直确保它建立在可靠的事实上并尽可能准确。我的杰出同名者哥白尼[1],过去在发表科学声明之前常常检查20遍;然而相比我对自己的科学声明的注意程度,可以说他草率。

文章作者雄辩地论述了水力发电的发展,令我回想起当初我的交流系统获得成功的方式真是近乎神奇。审视过去时,我意识到当时在数年白费口舌,别人对我充耳不闻之后,终于有几个人听进了我的话,是多么幸运。在电力行业有一个人超群绝伦,就像参孙[2]之于庸人。他是一流的天才,有发明能力、商业能力,是一位真正伟大的

---

[1] 尼古拉·哥白尼(波兰文:Nikolaj Kopernik,1473年2月19日—1543年5月24日,享年70岁),是文艺复兴时期的波兰天文学家、数学家、教会法博士、神父。

[2] 参孙是玛挪亚的儿子,士师记中的一位犹太士师,生于公元前11世纪的以色列,是一个拥有天生神力的犹太战士。

人，能力非凡，他就是乔治·威斯汀豪斯[1]。他支持我的事业，并顶着巨大的困难与处于优势的对手进行对战。

交流电竞争中特斯拉的支持者乔治·威斯汀豪斯

---

[1] 即小乔治·威斯汀豪斯（George Westinghouse, Jr., 1846年10月6日—1914年3月12日），美国发明家、实业家，西屋电气创始人，生于纽约州。21岁时即获第一项专利。稍后，发明能使出轨货车复轨的装置。1869年获得火车的空气制动器专利，并创办威斯汀豪斯空气制动器公司。他的自动空气制动器被迅速推广到全美和欧洲。在推广空气制动器过程中，他注意部件生产中标准化的好处，从而成为现代工业生产中推行标准化的首批企业家之一。1885年，威斯汀豪斯进口一套 L.戈拉尔和J.吉布斯的变压器和E.W.von西门子的交流发电机，在匹兹堡建立交流电网。1886年，他创办了西屋电气公司并购买了N.特斯拉的交流电动机专利，在美国推广交流电机发电与交流输电。1893年西屋电气公司为芝加哥的世界哥伦比亚博览会提供照明用电。威斯汀豪斯在与T.A.爱迪生激烈竞争后，以交流发电方式赢得了开发尼亚加拉水电站的承建合同，公司营业也随之兴盛。

交流电当时彻底声名狼藉，被谴责为致命之物、毫无商业价值。爱迪生认为电线可以拿去做晾衣绳了。斯泰因梅茨[1]非常蔑视我的感应电动机。旧有的利益集团非常强大，并且不择手段坚决打压一切生意上的威胁者。但是威斯汀豪斯并未因此气馁，他将全部精力和资源投入到这场世纪之战中。他不止一次差一点儿被干掉，但最终将对手打得溃不成军，为新行业打下了坚实的基础。这是科技发展史上前所未有的不朽功绩。他为这个世界所提供的服务无法估计。

还有另一位精力充沛的人，一位与威斯汀豪斯不同类型的天才——塞缪尔·英萨尔[2]在其工作基础上进行扩展，并将交流系统进行巨大规模的应用。

英萨尔致力于降低电力生产、传输和配送成本。他很早便意识到大型装置的经济优势，并且全力以赴说服制造商们为其提供庞大的涡轮发电机。他引入了其他一些改进，提升了中央发电站的效率和覆盖范围，最终可以说成功实现了我在1893年公开建议过的超能系统。他取得的成果令工程师们震惊，美国及其他国家迅速跟随其大胆之举，为消费者们节省了大笔金钱。

目前，威斯汀豪斯和英萨尔的工作已经遍布全球各个角落，包括

---

[1] 斯泰因梅茨（Steinmetz, Charles Proteus，1865—1923年），德国—美国电机工程师，对交流电系统的发展做出巨大贡献。1892年1月，在美国电机工程师学会的一次会议上，斯泰因梅茨提出了计算交流电机的磁滞损耗的公式，成为当时在交流电研究方面的第一流成果。随后，他又创立了计算交流电路的实用方法——相量法，并于1893年向国际电工会议报告，受到广泛的欢迎。同年，他进入美国通用电气公司工作，负责为尼亚加拉瀑布电站建造发电机。之后，他又设计了能产生1万安电流、10万伏电压的高压发电机；研制成功保护高压线的避雷器、高压电容器。他的另一项重要科研成就是研究电的瞬变现象理论。晚年，他还开发了人工雷电装置。他一生的研究领域涉及发电、输电、配电、电照明、电机、电化学等方面，他还进行过用汞灯照射以加速植物生长的实验。他一生获得近200项专利。

[2] 塞缪尔·英萨尔（Samuel Insull，1859年11月11日—1938年7月16日），是一位英裔美籍商业巨头、富豪，爱迪生早年的私人秘书和密友，通用电气创始人之一，19世纪末20世纪初美国新兴产业——电力公用事业的开拓者和行业领袖。他曾担任过许多公司的董事长和总裁，为美国的电力基础设施建设和发展做出过极大贡献。

提供新资源，改造城市和社区，保障数亿人的安全、舒适和方便。让我们感谢命运，使这些伟大的先锋们生活在我们的时代，否则我们可能还要等一个世纪才能享受到现在的这些好处。

* * *

另一篇让我感兴趣的是贵报1934年7月12日发表的一篇赞誉性的社论，美中不足之处在于贵报声明在近期的一些案例中性能检验结果与我的预言不符。也许并非如此，但是总体而言，我已经非常成功了。贵报如果知道我的多少发现和发明都有着广泛应用，将会惊讶。如果举一个例子的话，我会举我的无线能量传输系统，它被许多人视为白日梦。

应该告诉这些无知者"无线"不是一项单独的发明而是一项涉及许多发明应用的技术，我已经完成了其中根本的和最为重要的发明，而且它们已被普遍采用。现在工业上对无线能量传输还没有迫切需求，但是一旦有了这种必要，无线系统便会被采用，且会获得巨大成功。

还有一篇让我感兴趣的是1934年7月13日《世界电报》上一篇发自华盛顿的报道，大意是科学家们怀疑死亡射线的效果。我完全赞同这些怀疑者的意见，根据我的长期经验，在这方面可能我比其他人更为悲观。

人类不能制造所需能量的射线，而且它们的强度还与距离的平方成反比。而我的设备则不会如此，它使我们能够向远处传输的能量比靠其他任何射线传输的能量多数百亿倍。

我们都会犯错，然而当我根据我目前的理论和实验知识审视这一课题时，我深信我所给予世界的是从古至今所有发明家们做梦都想象不到的。

于纽约

（本文原载于1934年7月24日《纽约世界电报》）

回复爱迪生[1]

在我为研究地球电力环境下的闪电放电效应所进行的某些实验中,我配备了灵敏接收仪,以便能够检测到偶尔放电所引起的电干扰。但是我观察到,这些接收仪本该检测到电干扰却没有,在探究这种反常行为的原因时,我立刻发现它是由闪电放电在地球中产生的电波的特性所引起的,闪电放电的枢纽区与移动的干扰源始终保持一定的距离。

古列尔莫·马可尼,无线电竞赛中特斯拉的竞争者

---

[1] 据当时报道,爱迪生在《纽约世界报》的一次采访中说道,他认为特斯拉无法实现在世界各地进行通话,但认为马可尼(Guglielmo Marconi,1874年4月25日—1937年7月20日)有一天会完善无线通信系统。本文为特斯拉对此的回复。

在对这些电波的极大值与极小值的大量观察数据中，我发现波长大致在25至70公里的范围内变化，根据这些数据和理论推导，我得出结论：这种电波可以在地球上沿各个方向进行传播，其波长的变化范围也可能更大一些，但波长的极值则受制于地球的物理尺寸和特性。我确认这些电波显示出了一个明显的迹象，即产生的干扰已经由干扰源传导至地球最远端，并从那里反射了回来。于是，我想到通过人工方式在地球中制造这种电波，然后将其用于已发现的或可能的适用领域。

胜过雷电闪光

地球尺寸巨大，因此，要接近（甚至只是在很远的程度上接近）在自然界的电力现象中获得的巨大运动和速度，人类则必须能够实现这种巨大的电力运动或者电能传输速度，因此使这个问题变得极为困难。最初，这些看起来似乎人类靠任何方式都无法实现，但随着电振荡发生器的逐渐而持续的改进，这些是可以实现的，关于这个问题，我在第645576和649621号专利中有过描述。

我最终不仅成功达到了接近的电力运动或者电能传输速度，而且事实上已经超越了闪电放电的电力运动和电能传播速度，正如对比试验和测量所显示的。利用这个设备，我发现在地球中复制任何想要的，与这类放电引起的相同或相似的电力现象都是可能的。

凭借对所发现的这些现象的了解，以及所掌握的实现这些目标的方法，我不仅能够使用已有的设备进行许多操作，还可以解决许多因缺乏这些知识和方法以致迄今完全无法解决的，有关操作与控制远程设备的重要问题。

例如，通过使用这种驻波发生器和在其他任何地点（不论多远）正确放置并校正准确的接收设备，便可以发送能够被人们理解的信号，或任意控制、驱动任意一台或所有这类设备以实现许多其他重要的、有用的目的。例如，用于在任何需要的时候显示观测台的正确时间；或用于确定某物体相对于已知点的位置或距离；或用于决定海上船舰等移动物体的路径，决定其运行距离或速度；或用于在远处某个地方（距离取决于电波的强度、波长、方向或速度）产生多种其他的有用效应，或这类干扰的其他特征或性能。

有点儿讽刺

在此，请允许我这样说，如果今日在相距最远的国家之间不存在无线电报或电话通信设备，只是因为一连串的不幸和阻碍使我早在三年之前就该圆满成功的工作受到了耽搁。在这一点上，我应该牢记某些人的所作所为，他们极不明智地认为往人们的眼睛里扔沙子、阻碍发明进展就能占到优势。如果隔海发送的首波信息对他们来说是灾难，那么实现在世界各地进行通话，对他们将是可悲的惩罚，但他们完全应得。

（本文原载于1905年7月14日《英国机械师与科学世界》）

宇宙射线

致《纽约时报》编辑：

贵报采用了大量篇幅讨论宇宙射线这一话题，似乎引起了人们格外的关注。由于我是这个奇妙现象的发现者，并早在其他人之前很久，就开始对此研究，贵报的读者或许对我的个人发现有些兴趣。

1896年至1898年，我在《电气评论》发表了一系列关于X射线和放射性的文章，提出并讨论了对宇宙射线的最初想法。我的发现成果通过美联社在世界各地进行了报道，并引起了强烈反响。但当时，科学家们彻底反对我的理论，认为新运动是由某种波动引起的，而根据我的观察，新运动则是由发射的高速的物质带电粒子所产生。仅仅几年之后，我当时所提出的观点便被逐渐接受了。

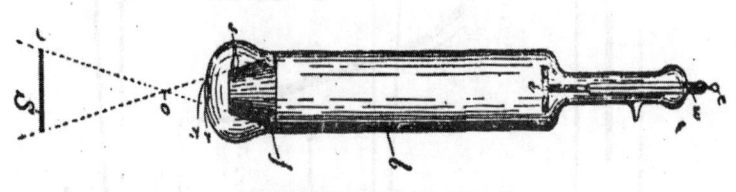

制造X射线的特斯拉电子管

我发明的一种新型真空管，适用于数百万伏特的电流，能够产生超强的作用，对我1896年所进行的实验有很大帮助。这个真空管自此也被其他研究者们采用，而某些领域绝大多数的进展都是利用它取得的。

放射性发现之初，有人认为它是少数物质所具有的一种全新的能量表现。但是，我有足够的证据认为，这类运动是普遍存在的，且本质与我的真空管所产生的运动相同。在真空管中，从电能巨大的终端发出的微粒（对此我们仍存疑虑）射向靶物，微粒撞击靶物后产生X

射线或其他射线。现在，根据我的理论，放射物体只是一个靶子，从宇宙各处发射的极小的子弹连续不断地轰击该靶子。如果是这样，那么未知的宇宙射线一律可以拦截，放射现象也会结束。

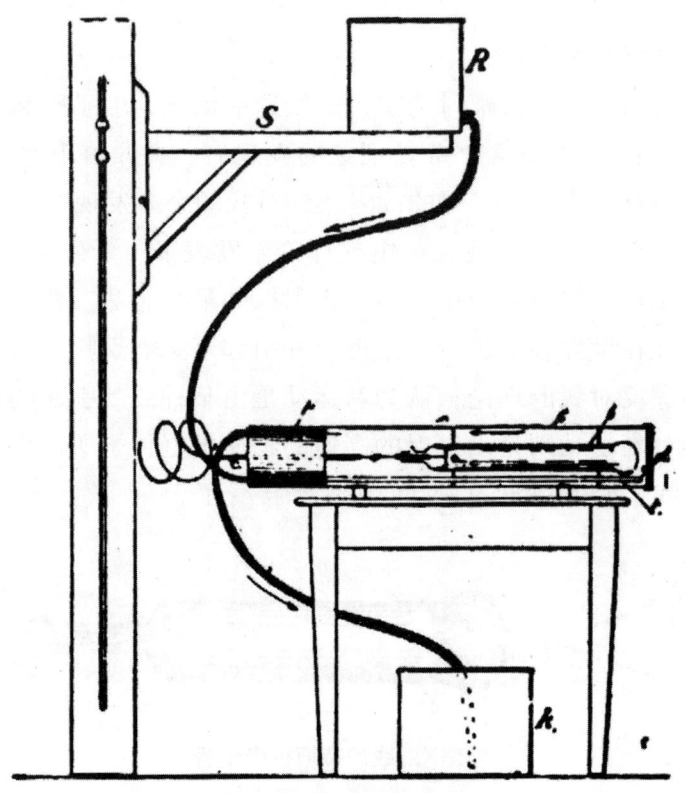

特斯拉X射线实验研究图解

关于这个奥秘的破解，我取得了一些进展。直到1899年，我通过实验明确证明，太阳和其他天体也具备类似的条件从而能够产生能量巨大的、由速度远超光速的微粒所构成的射线。这些射线穿透力非常强大，可以射穿数千英里的固体物质而速度只有略微的减弱。穿越布满宇宙尘埃的空间时，这些射线会产生强度恒定的次级射线，这些次级射线日日夜夜，从各个方向均匀地泻向地球。因为太阳和星体发出的原射线能够穿过以光年计的距离且速度没有显著降低，那么，无论是在太阳附近还是在距太阳任意远的距离（无论多远）产生的次级射线，其强度都应该相同。因此，如果我们的太阳或者其他任何东西消亡了、不复存在了，对次级射线都不会产生明显影响。次级射线的穿透力不是很强且部分会被大气吸收。根据我的测定，在大气另一端的次级射线的强度大约为海平面处次级射线强度的1.5倍。整个大气层相当于厚度为36英寸的铅，通过测量次级射线在任意已知海拔高度的穿透力，便很容易测出其强度。我的真空管实验明显证实了这一理论，但即便没有这些证据，我也相信这个理论是可行的。

尽管对大气上部区域的探测可能会发现关于其他领域的许多重要成果，但我认为这项探测对我们了解宇宙射线并不会产生太大帮助。鉴于此，我认为那些对此感兴趣的人，如果能够接受我的理论，在我的研究基础上做出更多的成果，而非去探寻不知来自何处的神秘射线、做这些无用之事，我们的进展将大大加快。

尼古拉·特斯拉

1932年2月4日，于纽约

（本文原载于1932年2月6日《纽约时报》）

无线电力传输[1]

值贵刊创刊30周年这一美好时刻，贵刊提出的礼貌请求我怎会拒绝。贵刊的来信让许多记忆又鲜活起来，包括我们友谊的缘起，最初不完美的尝试和侥幸取得的成功，以及来自外界的种种善意与误解。这封信让我痛苦地意识到早期的期望之伟大、时光流逝之迅疾，唉，还有成就之渺小！如果不是贵刊的提议，无线电力传输技术也许不会已经面世这么久。谨以下文纪念我们的友谊，并祝愿贵刊与无线电力传输技术更加成功！

位于科罗拉多斯普林斯的实验室

临近1898年年末，一项实施多年、旨在通过自然媒介完善电力传输方式的系统研究，让我意识到实现无线电力传输必须具备三个条

---

[1] 本文为作者1904年3月5日为《电气世界和工程师》30周年刊所写的一封回信。

件：第一，建造一台大功率发射机；第二，完善对所传输能量的个别处理方式及隔离方式；第三，明确电流经由地球和大气传播的规律。许多原因促使我决定选择大高原进行实验研究，朋友伦纳德·E. 柯蒂斯以及科罗拉多斯普林斯电力公司提供帮助是原因之一。这座高原海拔2000多米，临近风景优美的度假胜地，1899年5月底，我便搬到了这里。只有庆祝这个心仪之选的那几日我不在这里，接着便开始了准备已久的工作，沉浸在感恩的心情和令人振奋的希望中。清新纯净的空气、美丽无比的天空、巍峨壮观的山脉、宁静宜人的环境——周围的一切为科学观察创造了理想的条件。除此之外，绝佳的气候与变得异常敏锐的感官也产生了令人兴奋的效果。在那里，我能够感知得到器官所经历的生理变化。眼睛显得格外清澈，视力得到提高；耳朵变得干燥，听力更加灵敏。在那里，非常遥远的物体也清晰可辨，究竟有多远，我更希望由其他人来告诉你们；我曾听到了七八百公里之外的雷声，这个我敢保证。如果不是因为等待雷声到来太过乏味，本来我可以听到更远的雷声。每隔一定时间，雷声便会出现，正如预报精确的电子装置所预报的——近一小时前刚预报过。

6月中旬，在准备其他工作的同时，为了采用新实验方法确定地球电势、研究其周期性与随机性波动，我准备了一台接收变压器。这是预先精心策划的计划一部分。将一台记录仪和一台灵敏度极佳、具有复原能力的记录仪控制装置接入次级电路。初级电路则与地面及一台电容可调节的高架终端相连。电势变化导致初级电路中产生电浪涌从而产生次级电流，次级电流反过来对灵敏的记录仪控制装置和记录仪产生与次级电流强度相应的作用。地球简直处处充满电振动，很快，我便深深投入了这项有趣的研究。没有其他任何地方比这里更适宜进行这类观察。科罗拉多以丰富的自然电力现象著称。这里，大气干燥稀薄，阳光十分强烈。在装满浓缩盐溶液的桶内可以产生压强极高的蒸汽，而一些高架终端的锡箔涂层在阳光的炙烤下皱缩。一台试验性高压变压器，因不慎暴露在落日照射下，导致大部分绝热材料融化而报废。再加上空气干燥稀薄，水就像在锅炉里蒸发一样快；大量

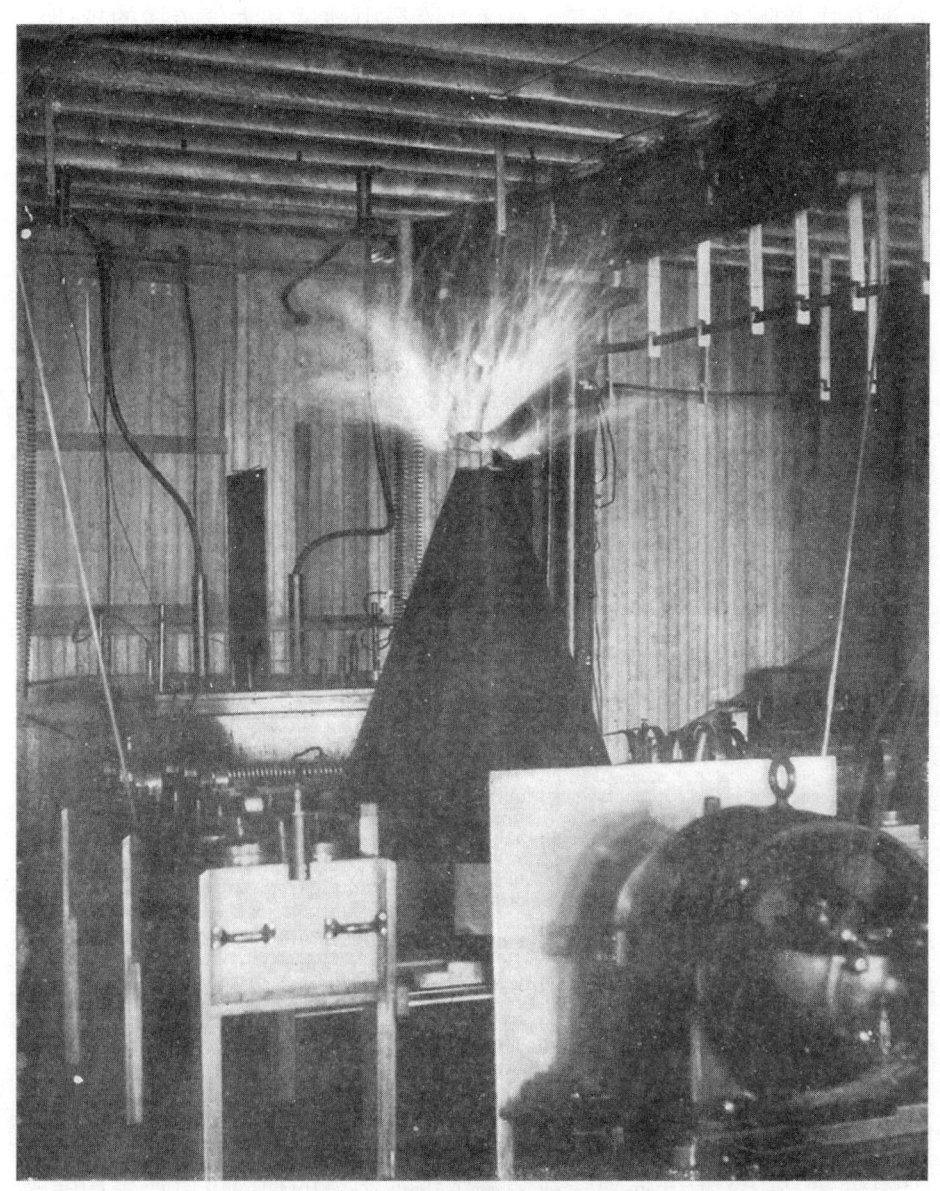

用以查明及释放地球电流的特斯拉线圈，线圈顶部的水流纹呈紫色调，形状似海草丝

静电产生。闪电放电因此极为频繁，剧烈程度有时令人难以置信。一次，在两小时内发生了近12000次放电，均发生在距实验室半径不足50公里的范围内。许多放电呈巨大的火树状，树干或向上或向下。令我失望的是，我从未见过火球状的自然放电，但后来我成功确定其形成方式后，制造出了火球状的人工放电，算是得到了补偿。

1899年特斯拉在科罗拉多斯普林斯制造的电压高达数千万伏特的人造闪电。
13英里外还能听到噼里啪啦的声响

6月下旬，我多次注意到，远处放电比近处放电对记录仪影响更为显著，令我十分困惑，原因是什么？大量观察证实，这并非由单次放电的强度差异所引起。而且，我很容易便确定了这一现象也不是由接受电路周期与地球干扰周期之间的变化关系所引起。一天晚上，我和一位助理走在回家的路上，思索着这些现象，突然，一个想法令我大吃一惊。几年前，当我撰写在富兰克林科技馆和全国电力照明学会

位于纽约长岛的特斯拉中央电厂和"世界电报"发射塔

所用的演讲稿的某个章节时，这个想法就曾在我脑海中出现，但当时我认为这荒唐而不切实际便放弃了。这次，我再次摒弃了这个想法。不过，我的某种直觉却被唤醒了，我莫名地感到自己即将获得一项伟大的发现。

可以远处活跃的特斯拉接收线圈（调表）正在放射火花

7月3日，我永远难忘的一天。我首次通过实验明确证明了一个对人类进步至关重要的事实。西边天空聚集起大片带有强大电荷的浓云，傍晚时分，一场猛烈的暴风雨便一发不可收拾，起初在山间大大发作了一番，之后迅速驶向平原。几乎每隔固定时间便会产生强烈而持久的电弧。曾经的经验对我的观察大有帮助并使其更为准确。我能够迅速将设备调试好，而且早已有所准备。随着暴风雨越来越远，校正准确的记录仪上的显示也越来越弱，最后，暴风雨与记录仪上的显示共同消失。我怀着热切的盼望观察着。果然，片刻之后，记录仪上的显示再次出现，并且越来越显著，到达最大极限后又逐渐减弱，直至再次停止。多次，在规律的复发间隔中，记录仪所显示的这种同样运动一直在重复，直至（经简单计算证明）一直近似匀速移动的暴风雨退至大约300公里外。但这些奇怪的运动并未至此停止，其表现强度未有丝毫减弱。后来，我的助理，弗里茨·洛温斯坦先生也进行了类似观察，不久，出现几次绝佳的观察机会，更加准确有力地揭示了这个奇妙现象的真正本质。无论最后余留的是什么，毫无疑问的是，我在观察驻波。

随着干扰源远离，接受电路陆续遇到它们的节点和环网。尽管这似乎不可能，但地球虽然巨大无比，却与尺寸有限的导体表现相似。这个事实在无线能量传输中的重要性已显而易见。不仅采用无线方式将电报信息发送至任意距离变得可行——这是我很久之前便认识到的事实；而且能够将人类声音最微弱的变化传送至整个地球；更重要的是，可以将无限的能量传送至地球任意地方，而几乎没有能量损耗。

这些成功在望的巨大可能性和面前的实验证据，使无线能量传播的实现从此只是一个有关专业知识、耐心和技术的问题。我开始大力攻克研制我的放大发射机。现在不论如何，研制最佳发射机的目的已经比生产大功率发射机的愿望更为强烈了。最佳发射机，本质上是一个具有高自感和小电阻的电路，在这种电路中，励磁模式和行为模式可以说截然不同于作为赫兹或电磁辐射式电报发送典型特征的传输电路[1]。我很难完全介绍这种独特装置的神奇力量，借助这个装置，可

---

[1] 1894年，马可尼了解到海因利希·赫兹几年前所做的实验，这些实验清楚地表明了不可见的电磁波是存在的，这种电磁波以光速在空中传播。很快，马可尼就想到可以利用这种波向远距离发送信号而又不需要线路。1895年，马可尼成功将无线电信号发送了1.5英里（2.4公里）的距离，成了世界上第一台实用的无线电报系统的发明者，所采用的正是赫兹波或者电磁波手段。

以改造地球。将电磁辐射减至可以忽略不计的程度，维持适宜的共振条件，电路便会像巨大的钟摆一样运动，无限期存储初级励磁脉冲的能量和地球受到的冲击能量，而其传导大气使不同强度的谐波振荡相统一，如实际测试显示，谐波振荡可被推至极远的距离，已超过自然静电现象中能够达到的距离。

同时，由于这些方面的进展，个别处理方式和隔离方式也逐渐得以改进。这一点极为重要，根据发现，简单的调谐无法满足旺盛的实际需求。采用一系列各具特色的关联元素，共同实现隔绝传输能量这个目的，其基本思想可以径直追溯到斯宾塞那对人类神经机制清晰而具启发性的阐述上，其原理我仔细阅读过。由于技术仍在孕育阶段，这一原理对情报和电能的传输还未达到预计的效果；但成千上万条即时电报和电话信息，通过一条自然的或人工的单传导渠道进行发送，且相互之间不存在严重干扰，是完全可行的。一方面，发送数百万条即时信息完全可能。另一方面，通过利用大量联合作用的元素及其特点和演替顺序的任意变化，还可以实现任意程度的个别化。由于显而易见的原因，这一原理在增加传输距离方面也具有极具价值的应用。

虽然难免缓慢，但这项工作却在稳步而可靠地进展，因为预定目标与我一直以来的研究和实验方向一致。因此，我对1899年年底之前完成这项工作，并取得《世纪杂志》1900年6月刊我字字斟酌的那篇文章里所发布的成果，并不感到意外。

为实现这个系统商业化，使其在用于特殊目的的微量能量传输和工业规模的能量传输中得以应用，我已做了大量工作。这方面取得的成果使我的情报传输计划——它的名字"世界电报"已经表明一切——很容易实现。在操作原理、传输手段、应用能力方面，我认为，它堪称对迄今一切技术最彻底、最富有成效的变革。我坚信它在大众启蒙教育方面具有高效，尤其是对一些尚未开化的国家和偏远地区而言；它将极大增加人们生活的安全度、舒适度和便利度，有效维护和平。这个系统包含大量发电站，而所有这些发电站都能够将个性化信号传输至地球的最远边界。每座发电站最适宜建在重要文明中心的附近，它能够将从任何一个渠道接收的消息迅速发送至地球各处。一台置于海上或陆上某处，成本低廉、可以装进衣兜的简单设备，将记录来自世界各地的信息或专门发送给它的特殊信息等。于是可以说，整个地球将会变为一个巨大的人脑，其各个部分都能做出响应。既然一座仅100马力的单独发电站能够为数亿台设备供电，那么这个系统可以说具有无限的工作容量，而且它必将极大促进情报传输的发展并降低其成本。

第一批中央发电站在建造中受到了意料之外的延误，否则现在已经告竣。幸运的是，这些延误无关纯技术参数。尽管时间上的损失令人头疼，但最终却也因祸得福。我了解到，最佳发电站设计现在已经被采用，且发射机将发射最大总活力计1000万马力的复合波，而百分之一的这些波已足以"绕地球一圈"；能量输送率极大，近乎尼亚加拉发电站的两倍，这需要凭借某些技术实现，适当的时候我会公开。

迄今，就我完成的大部分工作而言，我要感谢J.皮尔庞特·摩根先生[1]的慷慨相助。在曾经大加承诺的人变成最大的怀疑者之时，摩根先生的雪中送炭，显得更加及时、更加令人激动。我还要谢谢我的朋友斯坦福·怀特的无私相助，令我受益颇多。这项工作已经取得很大进展，结果也许到来得有点儿晚，但一定会到来。

同时，我并未忽视工业规模的能量传输问题。加拿大尼亚加拉电力公司已经开出了极具诱惑的条件，而将他们的特许权变为商业利益，所带给我的满足仅次于这项技术的成功。在我设计很久的首座这种发电站中，我打算在1亿伏特的电压下配送1万马力的电力。现在，我已经能够安全地制造和处理1亿伏特的电压。

---

[1] 约翰·皮尔庞特·摩根（John Pierpont Morgan Sr.，1837年4月17日—1913年3月31日），美国银行家。

位于长岛的特斯拉中央发电站、发射塔和"世界电报"实验室
——沃登克里弗塔[1]

  该发电站将从地球各处采集能量,几分之一马力到几马力之间的微量能量最为理想。其主要用途之一是为边远家庭提供照明。我利用通有高频电流的真空管,仅用微量的电量,便可为一所公寓照明,而在每个实例中,终端只需略高于房顶。其另一项重要应用是驱动钟表或其他类似装置。这些钟表非常简单,完全无须人管,便能分毫不差地指示正确时间。使地球记住美国时间的构想非常吸引人,这个想法很可能火起来。现在我们所用的或可以制造的各种装置不计其数,如果利用这种方式进行操作,也许我可以靠一座不超过1万马力的发电站,为整个世界提供巨大便利。该系统的采用将为发明和制造提供前

---

  [1] 沃登克里弗塔是特斯拉设计的一座无线电能传输塔,又称作特斯拉塔,塔高187英尺,顶部有一个直径为68英尺的半球形圆顶。该项目主要由摩根资助,后来摩根撤资。

所未有的种种机会。

我了解这项首次尝试的深远意义及其对未来发展的影响，因此，我会谨慎地慢慢进行下去。经验告诉我，不要与企业订立期限，工作的圆满成功不完全取决于我的个人能力和努力。但是我希望这些伟大目标的实现不会太遥远，我知道当这项首创工作完成后，接下来便是对各项目标进行数学上的验证了。

当这项无意发现、经实验验证过的伟大真理彻底得到公认，即地球即使巨大无垠，但就内部流动的电流来说，并不比一个小小的金属球更多，而根据这个事实，许多无法想象、后果难料的设想都完全可以实现；当第一座发电站启用并向世人展示，电报信息就像秘密、像不受干扰的思想一样，可以被传送至地球上的任意地方，人类的声音，包括所有音调和语调的变化都将忠实而迅即地在地球其他任意地方再现，而瀑布的能量可被用以为海陆空任意地方提供光、热、动能——人类将像被棍子搅动的蚂蚁堆：观看即将到来的兴奋！

增长人类能量的问题

人类的发展——人类发展所需的能量——增长人类能量的三种方式

在我们能感知到的无穷无尽的自然现象中，复杂的人类生命总是令人感到无限惊奇。神秘的人类生命起源掩埋在历史的迷雾之中，错综复杂而令人难以捉摸，而其未知的终点隐藏在无尽的未来。它从哪里来？它是什么？它到哪里去？从古至今，智者们都在努力地追寻这些问题的答案。

现代科学认为：太阳是过去，地球是现在，月亮是未来。生命由炽热的太阳孕育而生，最终变为一副冰冷的躯壳。残忍是大自然的法则，我们终将快速地走向生命的终点。开尔文勋爵[1]曾经预言，人类仅仅能生存短暂的600万年。在此之后，太阳的光芒不再耀眼，给予生命的热量日渐微弱，地球会变为一片冰川，在无尽的黑夜中转动着。请不必感到绝望，一定有微弱的生命存在着，某个遥远的星球可能会出现新的生命迹象。根据杜瓦[2]教授的推测，这种可能性确实存在，他曾用液态空气实验证明，有机生物体中的微生物在极度低温的条件下依然可以存活，并最终存在于星际空间之中。与此同时，科学和艺术的不断进步让我们发现更多美好的事物，照亮人类前行的道路，当前的喜悦让人们暂时忘却黯淡的未来。

尽管我们对人类生命无法完全了解，但我们确信，与自然界的任何生物一样，人类生命是一种运动。这种运动即表明有一种力量使躯体进行移动。因此，所有的生命迹象均是由外力使物体进行移动的过

---

[1] 开尔文勋爵（1824—1907年），原名威廉·汤姆森，英国物理学家、发明家。
[2] 詹姆斯·杜瓦（1842—1923年），苏格兰物理学家、化学家。

程。任何物质皆具有惯性，任何力皆具有持续性。在这一定理之下，一副躯体无论是在静止还是在运动状态下，都倾向于保持原有状态，而无论由何种因素引发的力都会产生同等的反作用力，因此任何生物的运动皆具有某种规律。很久以前，赫伯特·斯宾塞[1]曾清晰地阐释过上述观点，但他的论述过程截然不同。他用人们能感知的一切进行论述——运动中的行星、起起落落的潮汐、空气中的回响、摇动的钟摆、振荡的电流以及有机生物界中的种种生命迹象。难道人类生命与之不同吗？每个人的生老病死，他的家庭、种族、国籍，难道不都具有一种规律吗？即使如人类这种最为复杂而不可思议的生命体，它只是一种运动，与世间万物一同遵循着相同的定理。

当我们提到人，通常是指人类这个整体，在使用科学方法对人类的运动进行研究前，我们先要接受这种运动是一种物理事实。你难道不认为当下几百万个性格各异的个体不是一个整体吗？尽管每一个个体都可以独立思考、自由行动，但好似天空中的点点繁星，人类在种种关系的连接下组成了一个不可分割的整体。这些关系虽然不可见，却能被感受到。比如，我割破了自己的手指，我感受到疼痛：因为手指是我身体的一部分。我看到我的朋友受了伤，我也感同身受：因为我和我的朋友具有某种联系。现在，当我看到一个曾被打败的敌人，以及那些我毫不在意的事物，它们仍会让我感到些许难过。这难道不说明每一个人只是整体中的一部分？

多少年来，这一观点在宗教中被奉为至高无上的智慧，它不仅能使人与人之间和谐地相处，还是一个亘古不变的真理。佛教和基督教采用不同的表述诠释这一相同的理念：万事万物皆为一体。人们用形而上学以及其他不同的理论来证明这一观点。科学同样认为独立的个体之间存在联系，尽管这种联系与太阳、行星与卫星组成太阳系不尽相同，但毋庸置疑，随着对物理状态和现象的研究日趋成熟，日后将能通过种种实验证实上述观点。这是人类世世代代遵循的真理。人的

---

[1] 赫伯特·斯宾塞（1820—1903年），英国哲学家、社会学家。

一生稍纵即逝，无数的种族和国家经历了诞生和消亡，但人类却依然存在着。这就是个体和整体之间的巨大差异，这也能部分解释为何那些长久延续下去的美好事物，看似微不足道却能产生深远的影响。

于是，我们将人视为由力推动的物质。虽然这种运动不像其他的机械运动一样具有平移的特性，但运动的动能通过为人熟知的动能定理是可以计算的：物质质量的一半乘以速度的平方。比如，一枚静止的炮弹具有一定的热能，我们也可以用类似的方式进行计算。想象这枚炮弹由无数的微小颗粒组成，这些颗粒被称作原子或分子，它们在彼此之间进行振动和转动。我们为这些颗粒指定一定的质量和速度，可以计算出每一个微小的系统具有的能量，然后将这些能量加在一起，由此可以得出这枚看似静止的炮弹具有的总热能。用所有微小颗粒的总质量的一半，乘以颗粒速度的平方（这一速度取决于多个独立颗粒的速度），即可计算出总能量，但这仅仅是一种理论性的预估方法。我们假设用同样的方法计算人类的能量，即人的质量的一半乘以速度的平方，但我们无法计算出人的速度。虽然我们在这一领域暂时无法找到答案，但这不会影响我接下来的推论，我将用适用于整个自然界的关于质量和力的定律来证明我的观点。

但人不是一种普通的物质，它是由旋转着的原子和分子组成，且只具有热能。人具有更高级的能力，他们能想出生命的法则。人的质量如海洋中的水一样，不断地经历新旧更迭。不仅如此，人还可以生长、繁殖、死亡，从体积和密度方面独立地改变自身质量。最令人惊奇的是人类还能通过自身能力从其他物质中获得一定的能量，以增加或减少个人的运动速度，并将其转化为动能。但在某些情况下我们会忽略那些缓慢的改变，而假设人类的能量可以通过人的质量的一半乘以某种假设的速度的平方得出。无论我们用哪种标准计算出人的速度，我们最终都会得出这样的结论：无论是现在还是未来，科学领域的终极难题都是关于如何增加既定的能量。多年以前，我仔细研读了由约翰·威廉·德雷伯[1]撰写的《欧洲智力发展史》，这本书生动地描写了人类运动，并让我发现增加人类的能量是人类科学的首要任务。在此，我将简述一下我在这一领域的研究成果。

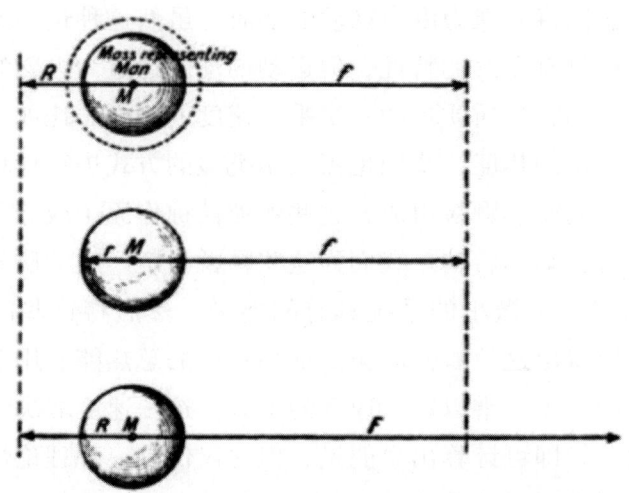

示意图a.：三种增加人类能量的方法

如示意图a所示，M代表人的质量，它被f这个力向着一个方向推动，同时部分的摩擦力和负力R以截然相反的方向进行抵抗，延缓物体的运动。这种对抗式的力存在于任何运动中，我们必须将其考虑在内。这两种力的大小差异使质量M沿着力箭头f所指的方向进行运动，并产生一定的速度V。沿用此前讲述过的方法，人类的能量可用 $1/2\ MV^2 = 1/2\ MV \times V$ 这个公式来计算，M是常规意义的人的总质量，V是某个假定的速度，以目前的科学发展状况我们还无法明确定义这个速度。显而易见，增加人类的能量即意味着增加这个算式的乘积，仅能通过三种方式达到这个目的，在上方的示意图中已做出展示。第一种方法如最上方的图片所示，增加物体的质量（用虚线的圆表示），使一对相反的力保持不变。第二种方法如中间的图片所示，使

---

[1] 约翰·威廉·德雷伯（1811—1882年），美国物理学家、哲学家，于1862年撰写《欧洲智力发展史》。

减速力R变为数值更小的r，而质量和驱动力保持不变。第三种方法如最下方的图片所示，将驱动力f增加至数值更大的驱动力F，而质量和减速力R保持不变。很明显，质量的增加和减速力的减少是存在一定的局限的，而驱动力可以无限地增加。这三种方法从不同的方面增加人类的能量，由此又引发出三个不同的问题，有待后续进一步思考。

第一个问题：如何增加人的质量——燃烧空气中的氮

通常有两种明显的方式可以增加人类的质量：其一，增加或保持那些能增加质量的力或条件；其二，抵抗或减少那些使质量减少的因素。对健康状况加以关注能增加质量，比如适量地吃丰富的食物、养成规律的作息习惯、提高婚姻质量、悉心照料孩子，通常还要遵守宗教中方方面面的规定，以及注意个人卫生。在增加新的质量的过程中，仍然有三种不同的情况，即与以往保持相同的速度增长，或以较快或较慢的速度增长。不妨通过一个例子来了解一下：假设有一辆由100个火车头组成的火车在轨道上行驶，通过给火车额外增加4个火车头为其增加能量。如果这四个火车头以与火车相同的速度行驶，则总能量增长4%；如果以火车一半的速度行驶，总能量仅增长1%；若以2倍的速度行驶，总能量将增长6%。这个简单的例子就说明了更快的速度有助于增加能量。还可以加以引申，比如，孩子和父母具有同等水平的智慧，即在"相同速度"下的质量，能量会相应地增长。如果孩子没有父母聪明，即在"较慢速度"下的质量，能量的增长幅度极小；如果孩子比父母更加优秀，即在"较快速度"下的质量，新一代人会为整个人类增加更多的能量。即使在"较慢速度"下的质量的增长也超出了原本所需要的增长，正如谚语中所说的"高尚的灵魂寓于强健的身体"，我们要强烈反对这种观点。比如一些学校只希望学生能强身健体，尽管我在学生时期也是这样认为的，但现在我并不赞许这一观点，反而觉得这等同于"较慢速度"的质量增长。适度地运动能促进身心平衡、提高工作效率，这的确非常重要。但上述的例子说明了教育才是重中之重，需提升"速度"以增加新的质量。

相反，那些违背宗教规定和健康习惯的行为虽然会使质量减少，却不必对此过多强调。威士忌、红酒、茶、咖啡、香烟等精神刺激物品会缩短大多数人的寿命，应该适度地享用。但我不支持长期以严厉的方式镇压这些习惯。与其禁止，不如推广适度使用。人们已经习惯于使用这类精神刺激物品，如果实行了相关改革政策，其效果只能缓慢地、逐渐地显现出来。那些付出了巨大的精力改变自己习惯的人，本应该将这些精力用来做更有意义的事情，比如想办法为人们提供更纯净的水源。

如果有一个人死于精神刺激品的使用，就至少有一千倍的人死于饮用不洁净的水。这种珍贵的液体延续着我们的生命，同时也是引发疾病和死亡的主要媒介。水中的微生物具有非常可怕的破坏能力，它能产生致命伤害而不被人察觉。当我们还沉浸在生活的喜悦中时，不洁净的水在慢慢地侵蚀我们的生命。多数人在喝水时都对此毫不知情，但它的后果却极具毁灭性。慈善家们应该努力地让更多人了解这一情况。如果能将饮用水进行系统地净化和杀菌处理，人类的质量将会大幅增长。每家每户、所有公共区域的水必须经过煮沸或杀菌才能被饮用，最好制定严格的规定甚至法律确保人人如此执行。仅仅使用过滤的方法不能有效阻止传染源。所有食用冰块需用完全杀菌过的水制成。在城市地区，减少水中的病源细菌已引起大家的重视，但由于目前仍未有更好的方法能为大量的水源进行杀菌，所以情况几乎没有得到改善。通过先进的电器设备，如今我们能以廉价的方式制造大量的臭氧，这种消毒剂能有效地解决饮用水安全这一重大问题。

赌博、商业投机、炒股，参与这些行为会减少更多的质量，因为其中的参与者具有更高的价值。死亡往往是由于在发病初期未及时发现症状或是疏于照顾。在接近危险时，我们要警惕每一个新的信号，并竭尽全力地化险为夷。注意卫生安全不仅仅是为了自身健康着想，也是为了我们的付出有更好的回报，是在完成一种高尚的道德义务。每个人都应该将自己的身体视为一件无价之宝、一件不可思议的艺术品，它的美无以言表，它掌握的能力超越人类的想象，但它又如此精致而脆弱，一句话、一个呼吸、一个眼神，甚至是一个念头，都可能让它受伤。不洁净能致病、致死，这不仅仅是自我摧残，还是一种不道德的习惯。为了让我们的身体保持健康和纯净、远离传染病，我们要遵照更高的准则以向身体致敬。在这种精神的指引下，有些人遵照卫生标准来证明自己对宗教的虔诚。在道德方面的懈怠是毒害身心的恶魔，正因如此，很多国家的人的质量在大量减少。现在，很多习俗和趋势也会引发相似的结果。例如，社会生活、现代教育、追求女性等种种事情让人们无暇顾及家庭责任，这有损于曾经高尚的理想，还会让艺术创造力减弱，引发不育，使种族逐渐衰败。这些罪恶之源不胜枚举，但与我们正在讨论的话题息息相关的众多因素中，最重要的三个因素是：因贫穷而缺少食物、穷困和饥饿。每年有数百万的人口因缺少食物而被饿死，因此质量在减少。即使在文明社会中，有很多慈善机构做出了很多努力，食物的匮乏依然存在，并且是人口减少的主要原因。我这里提到的不只是缺少食物，还包括缺少健康的营养物。

　　如何为人们提供优质而充足的食物已成为当今至关重要的问题。按照上文中论述的观点，以养牛作为一种提供食物的方式其实并不可取，因为那是一种在"较慢速度"下增加的质量。所以，我认为种植蔬菜更加值得推崇，素食主义能改善长久以来的野蛮的食肉习惯。以种植类食物为食能让人们工作得更出色，这不再只是一个理论，而是活生生的事实。很多几乎只吃蔬菜的人们却具有更健康的体魄。毋庸置疑，燕麦或者其他种植类食物比肉的成本更低，并更有助于人的身心健康。这类食物还减轻了消化器官的负担，让人变得更容易满足、更友善，还有更多的益处不胜枚举。我们应该努力地停止那些令人良心不安的对动物的残忍杀戮。食肉的本能和欲望会减少人类的质量，因此我们要从根源做出改变：对食物发起根本性的革命。

　　从哲学的角度来看，对食物的需求似乎是不存在的。假设有某种生物可以在无须汲取营养的条件下存活，它可以从外界获取维持生命机能的能量。比如某种晶体，它的确以某种生命形式存在着，虽然我们并不了解它是如何生存的，但它依然是一种可以存活的生物。除了这类晶体，也许还存在其他类似的独立生命体，它们可能是气态的，或是由更细小的物质组成的。我们不能否认这类生物在某个星球上存活的可能性——或者说是概率——因为我们所认为不适合生存的环境不一定适用于所有生物。我们不能断定这类生命体不存在于地球、不与人类共存，他们可能以某种人类不可知的状态存在着。

人们生产人造食品以提供营养物，我目前认为通过这种方式来增加人类的质量不太合理。我仍在怀疑人类是否可以依靠这类食物活得更好。人类经过长期不断地对环境做出适应的改变，才有了现在的状态，除非是那些无法预见的灾难才能让我们彻底地改变。这种具有非常不确定性的实验不能轻易尝试。为了不再受到人造食品的侵害，目前我认为最好的办法就是努力增加土地的产量。因此，我们不能忽视保护森林的重要性。除此之外，我们还要提倡利用水力传输电能，尽量避免燃烧木材，对附近的森林资源加以保护。但想要在以上方面做出改善还存在很多限制。

要想使土地有实质性的增产，就必须有效地通过人为方式令土壤变得肥沃。生产食物已经不再是个难题，现在的难题是如何使土壤变得肥沃。土壤由何而生至今仍是个谜团。解释土壤的起源几乎就等同于解释生命的起源。岩石在一定的湿度、温度、风、气候条件下进行分解，其本身是不能使生命存活的。由于发生了某些原因不详的改变，开启了新的状态，土壤的表层能够让苔藓这类低等生物存活。低等生物的出现和消亡让土壤具备了更多的适宜生命生存的条件，然后能让高等生物不断地生存下去，最终孕育出更高等的植物和动物。尽管这一理论并不能说明施肥会对土壤产生积极的效果，但我们已确定土壤不能无止境地使生物维持生命，我们必须为土壤补充所需的物质，而这种物质可以通过植物从土壤中提取出来。最主要的一种补给物就是氮的合成物，如何以廉价的方式生产出这种合成物是解决食物生产问题的关键。空气中存在大量的氮气，如果我们能将其氧化并生成氮的合成物，这必将会造福人类。

　　长久以来，许多科学家都在想方设法解决这一难题，但至今无解。其中最大的难度在于氮气的惰性导致其无法与空气结合在一起。但我们可以用电助我们一臂之力：用适当的电流激活氮元素中休眠状态的吸引力。一块煤长期与氧气接触而未燃烧，如果它一旦被点燃就会与氧气相结合。而氮在电的激活下会燃烧。直到近期我才用电流的释放有效地激活了空气中的氮，我已在1891年5月的一次科学演讲中对此做出了展示。这种新的放电形式或者说电火，被命名为"圣埃尔默之火"，它能制造大量的臭氧，还能明显地激活化学物质的亲和性。起初这个电火只有3到4英寸，期间的化学反应非常微弱，最终氮的氧化过程没有有效地进行。如何增强反应是一个难题，这需要用特殊的电流使氮更有效地氧化。

　　第一个进展是确定了高频率振荡的电流能显著地使化学反应增强。这是一个重要的进展，但一些实际因素让执行具有一定的局限性。其次，电流产生的电压具有振荡性和其他一些特征，其产生的效果需要进一步研究。另外还需要研究气压、温度、湿度等条件对反应的影响，最终我们逐步找到了最优方案以产生最强烈的、最有效率的化学反应。当然，取得这些进展没有捷径，是我经过一步步的探索而来的。于是火光变得越来越大，氧化反应越来越剧烈。从一个几英寸大小的微弱火光，发展到60至70英尺宽的火焰，这个剧烈的电学反应吞噬了空气中的氮。我们一步步将可能性变为现实。你可以通过下图及下方的注释了解到我努力的成果。剧烈的电流振荡从图中的线圈中通过，产生了可以看到的火焰般的电流，并使空气中的带电分子强烈地振荡。这时，即使在没有其他因素使反应进一步增强的情况下，空气中原本独立的两种成分之间产生了强烈的亲和性并结合在一起。在通过这种方式制造氮合成物的过程中，任何能让反应更强烈、更有效果的因素都要考虑在内，由于氮在短期内会重新回到惰性状态，所以需要特别的环节将不稳定的合成物固定成形。用蒸汽将合成物永久地固定成形是一种简单而有效的方式。这个方法仅适用了廉价的机械能和简易的电气装置，就能无限量地氧化空气中的氮。于是，可以通过这种低成本的方式在全球各地制造所需的多种氮合成物，土壤因这些合成物而变得肥沃并可以无限地增加产量。我们因此可以获得大量便宜又健康的食物，而不是我们已经开始习惯的人造食物。这种新式的、源源不竭的食物供给资源会为人们带来无穷的益处，它令人类的质量有巨大的增长，最终无限地增长人类能量。在不久的将来，我希望世界将开启一个全新的领域，它会与工业一样重要。

燃烧空气中的氮

这台带有1200万伏电压的振荡器在放电时产生了图中的这一现象。每秒交替数十万次的电压激活了具有惰性的氮气，使其与氧气相结合。照片中火焰般的放电效果宽度约为65英尺。

第二个问题：如何减少阻碍人类质量增长的力——远程遥控技术

在上文中已提到，阻碍人类向前运动的是部分的摩擦力和部分的负力。如果用更形象的方式来解释这两种力的区别，无知、糊涂、愚蠢就属于摩擦力，没有方向性的抵抗；空想、疯狂、自毁倾向、对宗教的狂热就属于负力，具有一定的方向性。想要减少或克服这些各异的阻碍的力，就要从根本上采用不同的方法。比如，我们知道一个狂热分子会做哪些事情，所以会通过启发、说服、引导对其进行阻止，将他的恶习变成美德；但我们不会知道一个粗暴的或是低能的人会做出哪些事情，只能将他视为一个一动不动、没有头脑的物体，任其疯狂地释放自己。负力通常代表着某些不太高尚的品质，虽然也有可能转化为某种优势，但却以错误的方向努力着；而没有方向的摩擦力必会导致损失。很明显，解决上述问题的首要方法是：将所有的负力转向正确的方向，并减少所有的摩擦力。

毋庸置疑，在所有的摩擦阻力中，最阻碍人类前行的是无知。这并非无凭无据，最具智慧的佛祖曾说过："无知是世间最大的恶魔。"众多的语言和国籍让无知愚昧大大加深，要减少由此产生的摩擦力唯有通过传播知识和统一人性中的不同之处。此外没有更好的选择。在过去，是无知阻碍了人类的进步，而现在更多的阻碍来自多种负力。在这些负力中，有一种力产生的效果最大，那就是战争。数以百万强壮而善良的人们陷入了停滞的生活，每天有大量的金钱被用于军队和军事装备的维护，人类的能量白白地被用于生产武器和制造破坏，无辜的人死去，却让残暴延续，人类在悲惨的境遇中蒙受巨大的损失。如何打败这个大恶魔？

法律和秩序当然需要外力来维护。只有在严格的纪律下，群体才能存活和兴旺。每一个国家在必要的时刻都必须能保护自己。今日的局面并非一朝一夕所致，不要期待人们在明天会立刻做出改变。如果国家可以立刻放下武器，那么比战争更可怕的事可能即将要发生。世界和平是一个美好的梦想，但它不会立刻实现。最近我们看到诺贝尔[1]发明了足以摧毁世界的炸药，但炸药并没有被那样应用。从物理的角度来看，暂时不可能出现世界和平。战争是一种负力，如果不经

---

[1] 诺贝尔（1833—1896年），瑞典化学家、工程师、炸药的发明者。

过调解，它并不能转为正力。正如一个正在转动的轮子，很难不经过减速、停止就加速地朝着反方向转动。

有人认为应该用毁灭性极强的武器停止战争，我个人对此思考了很久，我认为那是一个非常错误的想法。这种武器会在很大程度上改变战争的局势，但不会阻止战争。相反，我认为每一个新发明的武器，每一个朝着这个方向取得的进展，都会激发出新的能力、做出新的努力、提供新的激励、促进进一步的发展。就拿火药的发明为例，你能想到这个发明引发了哪些重大进展？想象一下我们生活在火药发明刚刚被发明的年代：你难道没想过战争会因此终结，骑士的装甲将毫无用处，曾经对身体力量和作战技术的崇尚已变得毫无意义？火药没有使战争终止，却起着相反的作用——作为一种最有力的威胁。假如当前的状况保持不变，我不相信战争会因某些科学上的或是不切实际的进展而终止，因为战争已经成为一门科学，战争包含了人类最神圣的情感。事实上，如果一个人没准备好为更高的原则拼搏，他很难在其他方面做得更好。人不仅具有思想，还具有身体，同时受两个方面影响。正如力与物质的关系，我们的优点与失败是密不可分的，当它们分开时，人已经不复存在了。

另外，人们还在频繁探讨战争不久将要结束，因为防御武器正在超越攻击武器。这个观点与一个基本的法则一致，即毁灭比建立更容易。这个法则定义了人类的能力和条件。如果建立比毁灭更容易，人们将会无限制地、不停地创造和积累。这种假设不适用于地球。人不可能做到这些，只有上帝才能做到。防御往往比攻击更具优势，但仅凭这一点，我认为战争并不会因此终止。在新的防御体系下，我们能让固若金汤的海港抵御攻击，但两艘在公海中正面交锋的战船就必然会分出胜负。沿着这个思路进一步思考，如果攻击和防御是截然不相关的，可能对人类更有利；大大小小的国家在边境建立坚不可摧的城墙，并向其他国家发出挑战，这对人类的进步没有丝毫的作用。只有取消分隔国家的边界，文明才能有进一步的发展。

有人认为飞行器的出现会为世界带来和平。我同样认为这是一个错误的观点。飞行器不久将要问世，但一切还会与往常一样。事实上，我不知道为什么像英国这样的强国不去统治天空和海洋。我不是什么预言家，但我会毫不犹豫地认为未来会出现"空中强国"，它的中心可能离纽约不太远。尽管这样，人类会继续开心地奋斗下去。

在这种理想化的发展形势下，战争能量最终会变为像电容器一样具有爆炸性的势能。这种形式的战争能量更易于保持下去，虽然数量很少，但具有无与伦比的能量。

关于一个国家如何抵抗外来侵略，其关键在于人数、力量方面的相对优势，而不是绝对优势。如果所有国家减少同等比率的军事力量，大家的安全就不会受到影响了。那些试图将军事力量削减至最小化的国际协议是非常有必要的，虽然民众对此仍不是非常了解，但这个理智的决定将减少阻碍人类发展的力。

值得庆幸的是现有的情况会不断地发生改变，一个能改善当前情况的新事物即将横空出世。它将是建立并实现国家间和平关系的首个突破，接下来我为你详细地介绍一下。

先让我们回到那个崇尚强权的时期。那时，弱者完全受强者支配，没有任何理智可言，于是弱者开始学习如何保护自己。经过一段时期，他们用棍棒、石头、枪矛、吊索、弓箭作为武器，而不再用身体力量进行对抗，智谋开始成为战争中的决定性因素。当高尚的情感被激发后，人们开始变得不再那么野蛮。渐渐地，经过长期以来的不断进步，对抗从毫无理智的、动物式的野蛮搏斗，发展到如今的"文明战争"。参战双方可以握手问候、心平气和地交谈、抽着雪茄，随时一声令下引爆战争。在悲观主义者眼中，这已然是一种伟大的进步。

下一阶段会如何发展呢？和平仍旧不会出现。随着现代科技的发展，参战人数会不断减少。武器将具有强大的能量，但仅需很少的人力就能使其运作。这一进步会推进机械的发展，以便让最少的人参与战争，人们必将会抛弃那些庞大而笨重、移动缓慢、不便于操作的设备。未来军事武器的关键将在于如何以最高速、最高效的方式提供能量。人员伤亡将会越来越少，参战人数也逐渐减少，战争不再是流血牺牲，仅需要双方的武器参与其中，而交战国家仅仅是利益相关的、野心勃勃的看客。一旦实现了这一局面，和平就会到来。就算人类制造出速射枪、威力无穷的大炮、爆炸式射弹、鱼雷舰等具有毁灭性的军事设备，这些进步和发展并不会带来和平。所有的武器都需要由人操控，人是机器不可缺少的一部分。他们以杀戮和破坏为目的，他们的力量被用于作恶。只要有人参与了战争，就会有人员伤亡。伤亡让野蛮的行径继续延续下去。要想消除如此残暴的欲望，就必须采取理智的行动，引入前所未有的新原则——必须将战争变成一场没有伤亡的表演，或是一种游戏、一种对抗。想要达成这一结果，就必须让机器与机器对抗。如何实现这件不可思议的事？答案很简单：制造出一种可以行动的机器，它就好像是人的一部分——它不仅仅是一个由杠杆、螺丝、轮子、离合器组成的机械发明，它似乎拥有智力、经验、判断力和思考力，是一个具有更高能力的机器。以上是我经过多年的思考总结出的一些观点，接下来我将简单地介绍一下我是如何将这个空中楼阁变为现实的。

很久以前，我在小的时候受到这样一种奇怪的困扰，它可能是由于视网膜过度兴奋而导致的。某些图像不断地出现让我难以看见真实的物体，并会干扰我的思考。当我听到一个词语，我的眼前就会生动地呈现出与这个词对应的图像，我会经常无法判断眼前的图像是否为我亲眼所见。这令我极其不适和焦虑，我努力让自己不去想那些词语。很长一段时间里，我的尝试都是白费力气，我仍然会看到那些图像，直到我12岁的时候，我第一次能努力地消除掉眼前的图像。那一刻我开心极了，但很不幸（我当时确实是这样认为的），这个困扰又重新开始了，我再次陷入了焦虑。后来，我对此做了一些观察和思考。我发现每当我看见某个事物时，我就会看到其他一些让我能联想到这个事物的图像。起初我以为这只是巧合，但后来我发现这并不是巧合。某个有意识地或无意识地接收到的视觉印象，总是先于图像出现。慢慢地，我会很想知道是什么让我看到这些图像，后来这个思考过程成为我生活的一部分。此外，我还发现，这些图像的出现是由于某些看过的事物，某些想法的出现也是同样的原理。于是，我开始把图像和因图像产生的想法对应起来，这个寻找原始视觉印象的过程变成了我的第二个本能。多年以来，这已成为我的大脑中一种自动的、无意识的行为，让我能立刻将每个视觉印象与其产生的想法对应起来。这还不是全部。不久后，我开始意识到我的行为也出现了相同的情况。经过年复一年不断地搜索、观察、验证，我的每一个想法和举动都一一得到了证实，我像一个自动机一样，在感官接收到外界刺激后做出相应的思考和行动。我无法将第一印象与由其引发的举动、想法甚至是梦对应起来的情况，在我的一生中只出现过一两次。

　　正是由于这些经历，我在很久之前曾想过制造一个可以机械化地代表我的自动机，它会像我一样对外界影响做出反应，不过是以一种更原始的方式。很明显，这个自动机要包括动力、能带动它前进的器官、起指挥作用的器官及一些感应器官，以适应外界的刺激。这台机器具有的主要机械运动特征和部件与人类几乎相同，所以它会以人类的方式做出动作。如果这台机器能生长、繁殖，甚至能思考，将会是一个更加完整的作品。但机器并不需要生长，因为它可以在制造时达到完全生长的状态。也不必考虑繁殖功能，因为对于机器来说生产制造就是它的繁殖过程。这台自动机是否是血肉之躯，是用木头还是用钢铁制造，这些都无关紧要，它只需要像一个聪明的人一样完成它需要完成的任务。要做到这一点，机器需要有像大脑一样的部件，它能控制所有的举动和运作，并在遇到意外情况时能运用知识、分析、判断和经验做出反应。我可以将我的智慧和我的理解传达给机器，这更便于让它拥有大脑。于是，这个发明将开启一个新领域，我建议把它叫作"远程遥控自动化"技术，意味着从远处控制运动和操作。

　　这项技术适用于任何在海、陆、空运行的机器。在首次应用中，我制造了具有实用性的船（见下图）。我在船里安装了蓄电池以提供动力。由发动机驱动的螺旋桨就是能带动它前进的器官。由电池供电的另一个发动机驱动着船舵，它就是负责引导方向的器官。至于感应

第一台实用型远程自动机

　　这台机器可以进行机身移动或平移移动，由一个无线装置在远处对其内部机械运作进行遥控。图中的这艘无人驾驶船，包括发动机、驱动和驾驶装置以及无数的配件，可通过远程无线控制将电子振荡传送到船上的电路中，并针对振荡做出相应的调整。

器官，我首先想到要放一个可以对光线做出响应的装置，比如硒光电管，它能起到眼睛的作用。经过更深入的研究后，我发现自动机的控制会受到光、辐射热、赫兹辐射及多种放射线的影响，这些影响因素可以以直线路径穿透进来。这些实验本身的或其他方面的阻碍让控制过程难以达到令人满意的效果。原因之一是控制器和远处的自动机之间的任何障碍都可能造成失控。另外一个原因是，起到眼睛作用的感应装置在放置时必须考虑到控制装置的位置，这给控制带来很大的局限性。还有一个非常重要的原因是，在使用射线控制时，很难让自动机具有独一无二的特性，使其区别于另一个同类型的自动机。显而易见，这台自动机应该只对单独的指令做出反应，就像一个人只会对一个名字做出反应。这些思考让我发现机器的感应装置应该对应的是人类的耳朵，而不是眼睛。在这种条件下，机器的控制就无须考虑介于中间的障碍物，也无须考虑遥控装置的位置。机器像一个忠诚的仆人，仅对它的主人的命令做出反应，其他时间都是听不到、不做回应的状态。考虑到以上因素，我们就不再将光以及其他的射线和光波用于控制自动机，这些来自四面八方的干扰因素能以曲线的路径穿过一条阻力最小的通道。为了达到预期的效果，我在船里放置了一个电子回路，并把它调整到与远程"电子振荡器"发出的电子振荡一致。电路微弱地对振荡做出了回应，影响了磁性和其他装置，从而控制了螺旋桨的船舵运动，也控制了无数种电器的运作。

远程遥控器为机器发出指令后，借助于知识、经验、判断——来自于自动机的大脑——机器才能在理智和智慧的支配下进行运作。就像一个被蒙住双眼的人，通过耳朵听到的声音来判断方向。

到目前为止，自动机已拥有了"借来的大脑"，其中一部分被放置于远程遥控器中，用于向自动机发送智能指令；但这项技术目前只处于发展初期。虽然这个想法在现在看来是不可能实现的，但我将为你展示一个具有"自己的大脑"的自动机，它能独立于任何一个遥控装置，在感应器官受到外界影响后做出反应，它像拥有智力一样可以控制多种多样的行为和运作。它能按照已有的流程或遵照预先给出的指令做出行为；它能区别出什么应该做、什么不应该做，并最终由累积的经验和印象控制后续的运作。事实上，我已经想出了一个方案。

我从多年前就开始着手这个发明，我也会在实验室为他人讲解这个现象，但是在我完成这个发明很久之后它才开始为人所知，并引发了热烈的讨论和轰动的报道。然而，大多数人并不知晓这项技术的奥妙，一些权威人士也没有发现它的重要性。最近我从大量的评论中发现，我的研究成果被认为是完全不可能实现的。虽然有少数人承认了这个实验的可行性，但他们仅仅将它认为是一个能更成功地摧毁军舰的自动化鱼雷。大家认为我只是通过电磁波或其他射线控制一艘船。人们可以用电线传导的电流控制鱼雷，也可以通过无线装置进行控制，当然，这些都仅仅是推论。虽然我没将这些推论变为现实，但至少做出了一点小小的突破。我的发明不只是改变船的前进方向，它还能多方面地控制一台独立的自动机的平移移动和内部部件的运作。人们认为自动机控制会对运行效果带来影响，并对此提出了批评意见，这是因为他们从未想过可以通过电子振荡来将其实现。世界在缓慢地发展着，人们很难发现新的真理。在这个新的理论下，人类将制造出具有毁灭性的攻击武器和防御武器，这一理论也适用于潜水艇和太空船的制造。机器可以运载无限量的爆炸物，也可以从任何距离发起攻击，其成功率非常之高。但这个新理论的主要能力不仅仅是它的毁灭性，它还为战争带来前所未有的发明——用于攻击和防御的无人战斗机。如果沿着这一方向继续发展下去，战争最终会变为一场没有人类参与、没有人员伤亡的机器对抗赛——这是实现永久和平的必要条件，但它的实现完全取决于科技领域的发展。这个观点的可行性会在未来得以印证，在此，我只是谦卑地将我深信不疑的观点陈述出来。

第三个问题：如何增加令人类质量增长的力——太阳能的利用

在三个主要的增加人类能量的方式中，这个方法是最值得思考的，不仅是因为它内在的重要性，还因为它与多种决定人类发展的因素和条件息息相关。为了更系统地说明我的想法，我需要一步一步地将我在得出结论的过程中的所有想法一一讲解。我在研究的初期，对决定前进运动的主要的力进行了分析，并特别说明了我上文中提到的假定的"速度"是决定人类能量的因素之一；但必须在此说明，这远远超出了我目前研究的范围。通常来说这些力的合力的方向决定了人类前进的方向。这意味着每一个科学的、合理的、有用的、实用的举动都与质量移动的方向一致。那些务实而理性的人、观察者、商人，那些善于分析、计算、预测的人，他们认真地让自己的工作更有效率，使其产生的效果与前进的方向一致，而他们拥有的知识和能力正是他们成功的秘诀。每一个新的发现，每一个新获取的知识，都会带来同样的影响并改变前进的方向，这个方向是由所有合理的、自我保护的、有用的、有收益的、实用的行为的合力决定的。这些行为与我们的日常生活、需求慰藉、工作业务息息相关，并驱动着人类的前进。

看看这个忙碌的世界，所有复杂物体的移动不都是被外力驱动着的巨大的机械运动吗？从我们早上起床后的那一刻开始，就会看到周围的一切都存在着机械原理：我们使用的水是靠蒸汽动力出水的；火车将早餐从遥远的地方带给人们；居民楼和办公楼里的电梯，载人出行的汽车，都是由动力驱动的；日常生活里的各种琐事，每件想要拼命完成的事，都需要动力；所有看得到的事物都向我们印证了这个原理；当我们晚上回到由机械组成的房子时，家里的每一个令人感到舒适的物品，令人感到喜悦的火炉和灯，都在提醒着我们是如此依赖动力。当机械出现意外故障，当城市被大雪困住，或当某个生命运动临时停止时，我们会害怕地意识到，如果没有动力我们原本的生活将无法继续。动力就意味着工作。增加使人类运动加快的力就意味着做更多的工作。

提高人类能量的三个方法可以用三个词来概括：食物、和平和工作。长久以来我都在思考这个问题，我将人视为由力驱动的物体，从机械的角度观察人类复杂的运动，并应用一些简单的机械原理对其进行研究。当我在最终得出了以上这些解决方法后，我才意识到我在很小的时候已经学过这些方法，那三个词与基督教的主旨很相近。现在，我已经明白了其中的科学含义：食物用于增加质量，和平用于减小阻碍力，工作用于增加加快人类运动的力。只有这三种方法能解决如何提高人类能量的难题。由此，我们会发现基督教包含了深奥的智慧和科学以及广泛的实用性，与其他宗教产生了明显的差异。基督教汲取了长久以来的科学实验观察中的结论，而其他宗教似乎只是抽象的推论。工作是提高人类能量的主要的、反复产生的驱动力，不知疲倦的工作是有用的、可以积累的，但我们需要为了提高效率而适当地休息。我们在基督教和科学的启发下，为了人类的进步奉献出自己最大的力量。这就是我目前思考出的解决人类问题的关键所在。

人类能量的来源——从太阳获取能量的三种方式

我们首先思考一下：所有的动能从何而来？是什么驱动着运动？我们看潮起潮落的大海，流动的河水，拍打着窗户的风、雨、冰雹、雪，来往的火车和蒸汽船；听着车厢的吱吱声和来自大街小巷的声音；我们用触觉、嗅觉、味觉体验事物，并对所有的事物有所思考。从汹涌澎湃的大海，到脑海中的一个小小的念头，所有的动作都有一个共同的驱使力量。所有的能量都来自于同一个中心、同一个源头——太阳。太阳驱动着万事万物，它维持着人类所有的生命活动，为人类提供所有的能量。由此我们已能解答上文中的问题：想要增加使人类运动加快的力，就是让人更多地使用太阳的能量。我们尊敬那些曾经取得不朽成就的伟人们，他们为人类创造福祉——宗教改革者的人生智慧，哲学家的深奥真理，数学家的公式，物理学家的定理，探索者从大自然中寻找到的秘密，艺术家的美丽的作品。但关于那个最伟大的人，那个最先开始用太阳能帮助弱小的人类节省体力的人，谁为他授予荣耀？谁能说出他的名字？这是人类首个在科学方面的福祉，并随后带来不可计数的成果。

从一开始,人类就已经知道了三种获取太阳能的方式。原始人用某种方式点燃的火给冰冷的手取暖,这就利用了储存在燃烧物体中的太阳能。当他将一堆树枝带回山洞并将其点燃,他利用了位移后的太阳的储能。当他划船出海时,他利用了空气或周围介质中的太阳能。毋庸置疑,第一种方式是最古老的。在不经意间发现的火种让原始人学会从中取暖。随后他发现可以将其他可燃物带回住所。最后,他学会利用由水和空气迅速流动产生的力。在现代发展中也是按照相同的顺序取得逐步的进展。人们在学会使用储存于木头、煤等燃料中的能量后,发明了蒸汽机。下一个巨大的进展是用电使能量发生位移,而无需移动原材料。关于对周围介质中的能量的使用,目前仍未有所突破。

这三种方法的最终发展结果将分别为:在冷加工的条件下在电池中使煤燃烧;更有效地利用周围介质中的能源;通过无线的方式将电能传送到远方。无论用何种方式实现这些结果,在实际应用过程中必须要大量地使用铁,这种宝贵的金属将成为以上三种应用中不可或缺的元素。如果我们能够在冷加工的条件下使煤燃烧,并以高效而廉价的方式获取电能,我们将在很多实际的电能应用中用到铁。如果我们能成功地从周围介质中取得能量,我们就需要用机器获取和使用能量,所以也会用到铁。如果我们能大规模地通过无线的方式传送电能,我们必将会使用大量的发电机,仍然会使用铁。相对于过去,铁在未来将成为实现种种成就的主要原料。很难判断铁的统治地位会持续多久,因为铝已经成为它的有力竞争者。目前,我们在找寻新能源的同时,仍要在铁的制造和使用方面继续开拓。后者在未来将会取得巨大的进展,由此将显著地提升人类的能力。

铁在提升人类能力方面的多种应用——铁器制造中的巨大浪费

目前,铁是现代进步中最重要的因素。相对于其他工业产物,铁的应用更有效地加速了人类运动。这种金属的应用十分广泛,它与我们生活的方方面面息息相关，像空气一样已经成为生活中不可或缺的一部分。铁已经几乎是万能之物的同义词。尽管铁为人类的进步带来巨大的影响，但它在加速人类运动方面的能力仍未全部被使用。首先，目前铁的制造过程中会浪费大量的燃料，即浪费能源。其次，只有部分铁用于制造有用的事物。很大一部分被用于制造阻力，还有很大一部分被应用于制造阻碍人类前进的负力。战争这个负力几乎全部以铁的形式体现。我们难以计算出这个阻碍前进的力的具体大小，但它一定会非常大。如果铁在正驱动力方面的应用是10，那么考虑到战争和其他方面的影响，它在负的阻碍力方面的应用可能是6。在这个预估之下，铁在正运动方向的有效驱动力就是两个数值相减为4。但是，如果要实现世界和平就应该停止生产武器，国家间的权利争夺应该转变为健康的、积极的、有助于增产的、商业方面的对抗，于是铁在正运动方向的有效驱动力就应该是两个数值相加为16，是当前数值的4倍。用这个例子只是想说明，如果从根本上对铁在军事方面的应用进行改革，将大大地增加人类有用的能力。

消除巨大的煤燃烧的浪费能让人类节省大量的能量，这与当前制造铁的方法密切相关。在英国等一些国家，挥霍能源已引发一些不好的影响。煤价持续上涨，让穷人难以生存。虽然我们还不会出现"煤矿枯竭"的情形，但为了全人类的利益，我们需要发明新的制造铁的方法，以避免如此野蛮地浪费珍贵的、用于获取大部分能量的能源。我们有义务将储存的能量原封不动地留给我们的子孙，或者在找到更有效燃烧煤的方法后再使用这些能源。我们的后代会比我们更需要能源。我们应该利用太阳能来制造我们所需的铁，而无须浪费煤。为了达成这一目标，我想利用从流水的势能中获取的电流来冶炼铁矿，这个方法的确是可行的。我花了很多时间来改进这个过程，以用更低的成本制造铁。经过长时间的研究，我发现用电流冶炼铁矿的方法并不节能，于是我找到了一个更节能的办法。

用节能的新方式制造铁

6年前,我想对从水流势能中获取的电流加以利用,起初不是想将电流用于冶炼铁矿,而是用于分解水。为了降低工厂的成本,我提出用特别便宜而简单的发电机制造电流,我特别为此设计了这些发电机。在电解过程中,分离的氢或被点燃,或与氧相结合。这些氧不是被电解出来的,而是存在于空气中的。所以,几乎所有在电解水的过程中使用的电能都在氢的重组过程中转化为热。这些热可用于冶炼铁矿。在水的电解过程中生产的副产品氧气可用于其他工业用途,并很可能获得不错收益,因为这是以最低的成本获取如此大量的氧气。在某些情况下,这些氧气还能用于燃烧各种垃圾和便宜的碳氢化合物,或使无法在空气中燃烧的次等煤加以利用。由此产生的大量的热可用于冶炼铁矿。为了让这个过程更加节能,可以合理地摆放炙热的金属和从火炉里拿出的燃烧的物体的位置,将它们的热量释放到冷却的铁矿表面,这样会使冶炼过程中热能流失得相对比较少。我计算了一下,通过这种方法,每年每马力可生产大概4万磅的铁。不可避免的能量流失让最终效果大打折扣,实际产出约为理论产出的一半。参考了这个预估数据,以及北美五大湖区铁砂矿冶炼的实际数据,再加上运输和人工成本,我发现以这种方式冶炼金属是成本最低的。相比用这个方法冶炼铁矿,将从水中得到的氧气加以利用会获得更大的收益。人们对氧气的需求会让工厂获得更高的收益,因此会降低铁的价格。从产业利益的角度来看,这个项目是值得实施的。我希望未来的某一天,这个想法可以破茧成蝶。

通过磁力将铁从铁砂矿中分离的方法是非常可取的,因为这个过程中没有浪费煤。由于后续还需要进一步将铁熔化,这个方法的实用性就被大大地削减了。我们也可以利用水能或通过不消耗燃料的方法将铁矿压碎。冷加工电解法可以以较低的成本提取铁,也无须消耗任何燃料就能将铁制成需要的形状,这将是铁器制造中的一个巨大的进步。与其他金属相同，铁目前仍然很难被电解，最终人们会使用冷加工方法替代当下粗糙的冶炼方法，避免重复加热金属而浪费大量的燃料。

几十年前，铁的价值主要体现在用于制成大型的机械设备，但在商用发电机和电动机出现后，铁特有的磁性为人类创造了更多的价值。目前，铁在电动机的制造中已经得到了广泛的应用。其中一个重要的突破是我在13年前完成的一项研究，我发现在交流电动机中用柔软的贝色麦钢代替铸铁，可以使机器的性能增强一倍。由于美国的电器是那时最先进的，我把我的发现告诉了阿尔伯特·施密德先生，他当时是一家工业公司在电机方面的负责人。在听取我的建议后，他用钢制造了变压器，机器性能得到了显著的提升。在施密德先生的指导下，我进一步地去除"钢"（虽然叫作"钢"，实际是熟铁）中的杂质，随后使产品性能再次得到了一些提升。

即将到来的铝时代——铜制造业的消亡——新金属的发展

近年来铁制造业的突飞猛进，让我们已经几乎达到了进步的极限。我们在铁的张力、弹性、硬度、延展性等方面已难以做出突破，其磁性方面的特质也难以有更好的应用。最近，人们在铁中混合了少量的镍制成一种新的合成物，但在这个研究方向上可以上升的空间非常有限。虽然未来一些新的发现能显著地减少生产成本，但却很难使金属增加有价值的特质。由于铁的成本较低，并且在机械制造和磁力应用中有非常重要的地位，所以铁在近阶段仍会是非常重要的金属。目前难以有其他金属可以与之抗衡。但在不久的将来，铁在很多领域的统治地位将会移交给新的金属：铝的时代即将到来。神奇的铝是由沃勒[1]在70年前发现的，而铝的制造在经过短短40年的发展后，已经震撼了整个世界。在人类的文明史中，如此迅猛的发展前所未有。不久之前，每磅铝的价格高达30至40美元，而今，人们可以以极低的

---

[1] 沃勒（1800—1882年），德国化学家。

价格购买到任意数量的铝。在不远的将来，当制造铝的方法被不断地改进，当前的价格也会被认为是高价了。现在，大多数的金属是通过在电熔炉中的熔化和电解过程制造而成，虽然这个方法有诸多优势，但会浪费大量的电能。如果采用我在上文中提到的制造铁的方法，铝的价格将会有显著的下降。因为铝的质量仅为铁的质量的1/3，所以熔化1磅铝需要的热量是熔化同等质量的铁的70%，在提供同等热能下，铝可获取的热量是铁的4倍。因此，冷加工电解是最理想的制造方法，也是我寄予了无限期待的方法。

当铝制造业有了迅猛的发展后，铜制造业将不可避免地走向灭亡。这两者无法同时处于兴盛状态，后者注定要走向没落。即使是现在，用铝线做导线比用铜线成本更低。铝的成本相对较低，在一些家用设备或其他领域的应用中，铜不具备任何优势。铝原料的价格不断下降，这将对铜带来更加致命的一击。但铝制造业的发展也可能存在变数，强势的产业往往会吞并弱小的产业：巨大的铜产业利益会控制微小的铝产业利益，处于慢速发展状态的铜会影响铝的快速前进的脚步。这只能延缓而不是避免铜制造业的灭亡。

除了铜，铝还需要击败其他的对手。在近阶段，铝和铁将处于激烈的竞争之中，铁遇到了强劲的对手。两者之间的竞争是关于铁是否是电器制造中必不可少的原料。对此，时间会证明一切。在自然界中，磁性是铁独有的特质。让铁如此与众不同的原因暂未查明，不过对此已有相关的研究。关于磁性的原理你可以这样理解：物体中的分子正如被注了部分水的空豆子，它们像跷跷板一样摇动而保持平衡。某些自然界中的因素会使所有分子向一个方向或向另一个方向倾斜。如果分子向一个方向倾斜，物体就具有磁性；如果向另一个方向倾斜，物体就不具有磁性；和空豆子的情况一样，其中的液体会迅速地流向低处使其保持平衡，所以两种状态都是稳定的。最令人惊奇的是我们已知的所有物体中的分子都是向同一个方向运动，而铁中的分子是向另一个方向运动。铁的内在特质使其独一无二。我们很可能找不到在磁性方面具有与铁相同或表现更出众的其他成本更低的金属。

铁在磁性方面的特质是不可或缺的，除非我们能找到更好的方式利用电流产生磁性。所以，铁具有非常明显的优势。如果我们只是使用微弱的磁力，那么使用铁是最优选择；如果我们能找到制造磁力的方法，就可以在不使用铁的情况下获得更强烈的磁力。实际上，我已经能用电子变压器制造磁力，它产生的磁力是1磅铁产生的磁力10倍，而这个过程中无须使用铁。这个过程中使用的是由新方法产生的具有高频振荡的电流，而非使用目前普通的工业用电。我还能在不使用铁的情况下用高频振荡电流使电动机运作，但目前它的效果仍不及用铁制造的普通电动机，虽然理论上前者的效果要远高于后者。那些现在看起来不可能克服的困难，我们最终一定会找到克服的办法，铁终将成为过时的材料，所有的电器设备将由廉价的铝制成。这对于铁来说是一个严重的、还算不上致命的打击。在船制造业或其他需要以轻质材料制造设备的工业分支领域中，新金属的发展将尤为迅速。新金属将迟早超越铁，成为更适合工业制造的材料。铁最有价值的特质将很可能在新金属中得以体现。

虽然我们不知道这场工业革命何时会结束，但我们确定工业的未来是属于铝的，它将成为提高人类工作表现的主要手段。目前，铝与其他金属相比具有更多的优势。我预估铝的效用值会是铁的100倍。虽然这个数值看起来十分惊人，但一点都不夸张。首先，人类目前可以使用的铝的体积是铁的30倍。这使铝的利用充满了无限的可能性。其次，这种新金属更易于为人类使用，这让它更具利用价值。在许多用铝制作的设备中，铝体现出与其他贵价金属同等的特质，这使其具有额外的价值。在同等质量的条件下，铝的导电性能是所有金属中最好的，这足以让铝成为人类未来发展中最重要的元素之一。它质量极轻的特质使由其制成的物品更便于运输。铝的众多优势将令海军军备建设发生翻天覆地的变化，使运输和出行更便捷，从而大大地提升人类的能力。铝最重要的效用将应用于空中出行方面，更多的应用方式将应运而生。电报设备使人类进一步走向文明。发电机和灯会运作得更快，比任何飞行设备的速度更快。铝让出行变得更加便利，这将有助于统一多样化的人类行为。为了实现这一点，我们首先要生产出质量更轻的蓄电池，或从煤中获得更多的能量。

从煤中获取更多能量的方法——电的传送——燃气机——冷煤电池

曾经我认为用燃烧电池中的煤的方式制造电是使人类走向文明的最伟大的成就，但后来不断有相关的研究改变了我的看法。不管多么有效地燃烧电池中的煤，都只是一种权宜之计，还有待发现更好的方法。通过这种方式产生电需要破坏原料，是一种粗暴的手段。我们应该在不消耗原料的情况下获取能量。但不得不承认，通过燃烧燃料获取能量确实是最有效率的方法。目前，大多数的动能都直接地或间接地取自于煤，这些动能使人类增加了巨大的能量。然而，在当前使用的获取能源的方法中，煤的大部分能量被白白地浪费。最好的蒸汽机仅能使用全部能量中的一小部分。虽然最近出现的燃气机能相对有效地利用能量，但仍有大量的能量被浪费。在电气照明系统中，我们仅使用了约0.3%的煤的能量，而燃气照明过程中已利用的能量比例更小。世界各地多种多样的煤的使用可能只用了理论上全部能量的2%。能源的浪费终将导致资源的枯竭，如果谁能找到避免这些毫无意义的浪费的方法，他将造福整个人类，即使新的方法未必能长久有效。目前，人们主要通过这两类方法试图从煤中获取更多能量：通过生成电或制造燃气以获得更多动能。这两个方法均已取得显著的成功。

人们在交流电系统中实现了电能传送，这标志着能源经济的新时代即将到来，依赖煤能源的时代即将结束。从流水势能中获取电能是一种能显著地节省能源的净收益，并且仅需耗费人类少量的工作就能有效地获取大量的能源，这是目前利用太阳的能量推进人类文明进步的最好的方法。但电能让我们从煤中获取比以往更多的能量。我们将煤在煤矿附近燃烧，煤产生的动能使发电机生成电，然后将电流传送至远方，而不再是将煤运往遥远的地方，这将有效地节约能源。我们用蒸汽机生成的电使电动机运作，而不是用传统的传动带和轴承使工厂里的机器运转。这个方法不仅能保留原有方法的优势，还能有效地从燃料中获取2至3倍的动能。交流电系统能有效地获取动能，并且能将能量传送至远方，这正在引发一场新的工业革命。但目前这项技术仍未取得广泛的应用。比如，蒸汽船和火车依然在利用蒸汽动力使轴承运转。如果用由特殊高压蒸汽机和燃气机驱动的发电机，以及使用用于产生推进力的电，代替目前正在使用的船用发动机和火车头，燃料中的大部分热能将转化为动能。这个方法可以使从煤中有效获取能量的利用率提升50%至100%。很难理解为什么如此明显的事实却无法得到工程师们的重视。这个改进非常适用于蒸汽船，它能减小噪音并提升船速和运载能力。

目前，人们使用最先进的燃气机从煤中获取大量能源，一般来说，它节省的能源是最好的蒸汽机的两倍。燃气业的日益发展使燃气机得以出现。随着越来越多的人开始使用电灯，大量的燃气开始用于加热和制造动能。在多数情况下，人们通常在煤矿附近制造燃气，然后将燃气运往其他地方使用，这样能大量地节省运输成本并有效地利用能量。以目前的机械和电学的发展，从煤中获取能源的最优方案是在煤矿附近制造燃气，然后在现场或其他地方用燃气机驱动的发电机制造工业用电。这类工厂的商业价值很大程度上取决于超强马力燃气机的生产力，这将成为这个领域中主要的评判方式。我们应该在用煤制造燃气后有效地利用这些能量，而不是直接耗费煤。

种种进展只是人们在寻找更完美的方法时的过程，我们最终能在不损耗过多热能的前提下，用更直接的方式成功地用煤制造电。煤是否能在冷加工过程中被氧化，这个问题我们还没找到答案。煤在氧化的过程中会释放热，但我们还不能够确定，由二者生产的碳化合物的能量是否能与其他元素结合后直接转化为电能。在某些情况下，硝酸会使碳燃烧并产生电流，但这个反应过程并不是保持低温状态。人们也提出了其他使煤氧化的方式，但均无法有效地达成理想的效果。我在这个方面没取得半点突破，但有人进一步完善了冷煤电池，总算是有所突破。这个问题主要应该由化学家来解决，而不是由习惯于从结论出发的物理学家来解决，他们进行的实验从来没有失败过。化学虽然是一种正向思维的科学，但它并不承认由正向思维方式推导出的结论，这种思维方式通常是物理问题的解决方法。在条件允许的情况下，化学通常要经过耐心的尝试而得出结论，而不是通过推论或计算。但在不久的将来，化学家能按照已有的清晰的路径找到最终的结论，而他们得出结论的过程仅起到建设性的参考作用。冷煤电池的应用会加快电学的发展，实用的飞行器在不久后会出现，还会大大地加快汽车出现的脚步。蓄光电池的发明将作为一种更具有科学性的方法，更好地解决上述的及其他问题。

介质产生的能量——风车和太阳能发动机——地热产生的动能——自然资源产生的电

除了燃料，我们还能从丰富的原料中获取动力。比如石灰岩中蕴含了巨大的能量，可以用硫酸或其他物质释放出石灰岩中的碳酸，这些能量可以用来驱动机器。我曾用这个原理制造出一个发动机，运转的效果令人满意。

无论我们在未来通过哪些资源获取能量，都必须坚持用理性的方式获取能量，避免消耗资源。很久之前我就得出了这个结论，并发现只能通过两种方式实现——一种是使用储存在周围介质中的太阳能，另一种是在不消耗资源的前提下通过介质将太阳能传送到远方。当时我立刻发现第二种方式是绝对不可行的，于是开始研究第一种方法的可能性。

很难相信古人们已经能通过机械利用周围介质的能量。这种机械就是风车。从风中可获取的能量远比我想象的要多。曾经有人花费数年试图"利用潮汐"，还有人试图利用潮汐能或波浪能压缩空气以供应能量，但他们没有看到山上转动着的风车在提醒他们停止这些尝试。实际上，利用波浪或潮汐能的发动机在经济价值上难以与风车抗衡，风车是目前最好的机械设备，它能通过一种简单的方式获得大量的能量。在过去，风能已经被人们视为一种非常具有价值的能源，它能让人们漂洋过海，风能在目前的出行和运输中也是非常重要的因素。但这种简单的利用太阳能的方式也存在很多局限性。风车的体积过于庞大，并且提供的能量是间歇式的，这就涉及能量储存的问题，并相应地增加工厂的成本。

还有一种更好的获得动力的方式就是利用太阳光，太阳光不间断地普照大地，能最多提供每平方英里（1平方英里=2.59平方千米）400万马力的能量。虽然平均每平方英里每年仅能获得一小部分的能量，但如果发现了更有效的方法，我们将获得源源不竭的能量。目前我所知道的最好的获取太阳能量的方法是通过使用某种热力发动机，阳光的热使锅炉中的挥发性液体挥发而产生能量。对这个方法经过进一步研究和计算后发现，尽管此举能从太阳光中获取大量能量，但仅有小部分的能量能被使用。此外，太阳放射出的能量是周期性的，与风车的原理有相似的局限性。经过长期的研究后，我发现这种"太阳能发动机"存在多种弊端，在多数情况下是难以成功地应用于工业的，比如过程中使用的锅炉体积过于庞大，热力发动机的效率很低，储蓄能量需要额外的成本。

另一个无须消耗能源而从介质中获取动能的方法是利用地热、水、气流使发动机运转。我们知道，地球内部的温度非常高，研究发现向地球中心每深入100英尺温度升高约1摄氏度。我们可以通过一个垂直通道在12000英尺深的地方放置锅炉，温度会随之升高约120摄氏度，这样我们就能利用地球内部的热量，这个想法虽然有难度但依然存在可能性。其实，我们并不需要进入地球深处以获取地热。地球表层及其附近的空气层的温度已足以使锅炉内的某些极具挥发性的物质挥发。这种由挥发性液体驱动的发动机很可能使一艘舰艇在大海中前行，这个过程中仅利用了海水中的热能。但无须加以印证就能知道，用这种方式获得的能量微乎其微。

由自然原因产生的电是另一种可靠的能量来源。闪电具有大量的电能,将其转化并储存后可以加以利用。几年前我想出了转化电的方法,但这只完成了前期的简单步骤,如何保存闪电的电能将更加难以完成。另外,我们知道电流可以在地面中不停地流通,并且地面与大气层之间存在电压差,电压随着高度会有相应的变化。

关于这个方面,我最近通过一些实验有了两个新的发现。第一个发现是电流是由一条从地面沿纵轴延伸至高处的电线产生的,也可以是由地球平移运动产生的。电流不会一直沿着电线移动,除非电流从电线中流向空气。如果在电线高处的一端放置一个导电的终端,这个终端具有巨大的表面和锐利的边缘,这样能使电流更容易释放出来。由此,我们可以通过在高处放置一条电线以获得可持续供应的电能,但这种方法仅能获得极少量的电能。

第二个发现是上层大气层长期具有与地面相反的电。地球具有地面附近绝缘、外层导电的隔绝层,由此形成了具有大量电能的电容器,如果人们能用一根电线连接到很高的地方,就能获取这些电能并为人使用。

很可能还存在一些未知的资源。我们也可能通过磁力或重力而无须借助于其他方式使机械运转。这些假设未必能实现,但绝非丝毫没有可能。用一个例子就可以说明什么是我们希望实现的和什么是我们永远无法实现的。假设有一个用均匀材料制成的圆盘,并使其在水平方向上不受任何摩擦力。这个圆盘在上述条件下保持绝对的平衡状态,并可以被放置在任何位置。我们可以让这个盘子在仅受重力的情况下不停地转动,但使盘子在不受任何外力的情况下转动是绝对不可能的事。如果能做到,那就是科学中所说的可以为机器本身提供动能的"永动机"。如果想让圆盘在重力下转动,我们只需要发明一个可以对抗重力的屏幕。这个屏幕可以避免只有一半的盘子受力,并使盘子继续保持转动。以我们目前对于重力的了解,这种可能性还是依然存在的。假设这是一种类似由高处吹向地球中心的气流产生的力,如果这个作用于圆盘两边的气流是均等的,圆盘将不会持续地转动;如果圆盘的半边由底盘使其停止运动，圆盘将开始转动。

已知方法的进展——让"自动"的机器像人一样从介质中获取能量的可能性——最理想化的获取动能的方法

当我开始研究这个课题时，我才第一次有了一些相关的想法，虽然我当时对很多事实还不熟悉，但一项关于如何用多种方法使用介质的能量的研究，让我了解到只有在方法上取得进展才能达成一个令人满意的解决方案。风车、太阳能发动机、地热发动机在获取到的能量的数量上都存在局限性。我们需要发现一些能让我们获得更多能量的新方法。在介质中存在的足够的热能，但以目前的方法，只有其中的一小部分热能可被用于发动机的运作。此外，只能以极其缓慢的速率获得能量。显然，我们需要发现新的方法才能尽可能多地利用介质中的热能，同时还要以更快速的方法获取能量。

我一直在苦苦思考如何使其实现，随后我读了由卡诺[1]和开尔文勋爵（当时是威廉·汤姆森爵士）写过的一些著作，他们提到一个无生命的机器或是可以自己运转的机器很难使一部分介质的温度降至低于周围温度，也难以由分离的热量使其运转。这些观点强烈地引发我的兴趣。很明显，一个活的生物却可以做到这些。我过往的一些相关经验让我认为人类其实是一台自动机，或是"能自己运转的发动机"，由此我发现我们也能制造一台可以自己运转的机器。想要实现这个想法，我首先考虑到以下这些机械原理。假设有一个由许多个金属块组成的热电堆，这些金属块从地面穿过大气层一直延伸到外太空。低处的热量沿着金属块传导至高处，并根据较低处的金属块的位置使地面、海洋和空气的温度降低，由此金属块就产生了电流。我们将电热堆的两端连接到一台电动机上，如果电动机下方介质的温度可以降至与外太空的温度一样低，那么这台电动机理论上是可以运转

---

[1] 卡诺（1796—1832年），法国物理学家。

的。这台无生命的发动机就可以使一部分介质的温度降至低于周围温度，也可以由分离的热量使其运转。

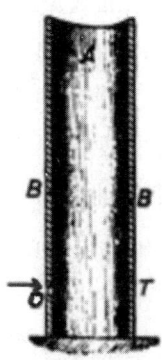

示意图b：从周围介质获取能量

A是一种具有少量能量的介质；B是一种具有大量能量的周围介质；O是能量的通道。

如果不达到一定的高度，能否实现类似的情况？如示意图b所示，能量需通过一个通道或路径O才能穿过附件T，附件中的介质需要在某种方式下保持具有很少能量的状态，而它的外部是具有大量能量的周围介质。在这些条件下，能量将沿着箭头的方向从通道O穿过，并可能在通道中转换为其他形式的能量。但这种状态是可以实现的吗？我们要人为地制造一个"凹槽"让周围介质中的能量穿过？假设在某个空间内可以保持极度低温的状态，周围的介质就会被迫释放热量，这种释放过程就能转化为机械能或其他形式的能量并加以使用。想要实现这个方法，我们需要日以继夜地从地球的某个地方获取源源不断的能量。不仅如此，这还会加速介质流通从而快速地获取能量。

这个方法能有效地从介质中获取能量。但它能够实现吗？我认为这只是其中一种方法，而接下来要讲的是另一种方法。我们处于一个温度很高的环境，就像一个山间的湖泊位于海平面之上很高的地方，而温度中的绝对零度可能存在于星际空间。热量像水一样可以从高处流向低处，就像我们可以让湖水从山上流向大海，我们也能让热量从地球表面流向高处的低温区域。和水一样，热量在流动中也可以做功，这个类比也说明了我们可以通过热电堆从介质中获取能量。但我们能在某个空间制造低温环境，而使热量不停地流进来吗？在介质中制造一个"凹槽"或"冰洞"，就等同于将湖水清空或使湖中注入比水更轻的液体。我们可以在湖中放置一个水槽，将水槽中的所有的水抽出来。从理论上来讲，水倒流回水槽时做的功与用水泵将水抽出时做的功是等值的。因此，在这个蓄水和放水的过程中我们得不到任何能量。这意味着在媒介中制造一个凹槽是不可行的。不过让我们再想一想。热，虽然和液体一样是遵守基本机械原理的，但却略有不同。热可以在从高温降为低温时转化成其他形式的能量。如果按照刚刚的类比继续思考下去，我们应该认为水从通道流入水槽的过程中也会转化为其他物质，这个过程无须使用或使用非常少的动力。如果把热量比作湖中的水，水中的氧和氢就代表从高温变为低温的过程中热量转化而成的其他形式的能量。如果这个热转化过程能绝对地转化，所有的热将转变为其他形式的能量，就没有任何热将降至低温状态。

在这个理想化的状态，流入水槽的水将在抵达水底前被分解为氧和氢，随之水将不断地涌入水槽后变为气体散去，而水槽将一直保持空的状态。我们可以在前期为热或水制造一个容器使之流入，这样我们就能获得大量的能量。这是一个理想化的获得动能的方法。热能转化过程是无法达到绝对转化的，所以有部分热会达到低温状态，正如刚才提及的类比，一些水会达到水槽的底部，缓慢地将水槽填满，然后需要将水不断地抽出。很显然，需要抽出的总是比流入的少，换言之，保持原始的状态需要的能量相对于由势能转化的能量更少，这就意味着可以从媒介中获取一定的能量。在流入的过程中不能被转化的部分可以通过自己的能量回到高处，由此得到了被转化的能量。所以，我发现的这个原理的本质完全在于在流入过程中能量的转化。

制造自动发动机的首次尝试——机械振荡器——杜瓦和林德[1]的作品——液态空气

在得出这一结论后，我开始对实施方法做出改进，最终我想出了一个可以通过不断使气态空气降温而从介质中获得动能的装置组合。这个可以持续地将热转化为机械运动的装置，必须在极低的温度下才能运作，低温为热量形成一个容器，然后就可以从介质中获得能量。这似乎与卡诺和开尔文勋爵的结论截然相反，但这个过程中原理使我认为这个方法是可行的。我在1883年的年末得出这个结论，我当时在巴黎，脑海中不断地出现我在上一年制造的一个发明，就是现在被人们称为"旋转磁场"的那个发明。在那之后的几年里，我将过去的种种想法不断深化，并对其运作状态进行研究，但并没有获得太大的进展。如何使用旋转磁场创造商业价值耗费了我大量的精力，直到1889年，我又开始想要制作自动机器。我进一步地对其中涉及的原理进行研究和计算，发现我原本以为能得到的结果，无法通过普通的机器以实用的方法实现。接下来，我开始研究特定的"涡轮"发动机，起初我以为这种发动机能让我的想法得以实现。不久后我发现，涡轮发动机也不太适合。但我总结出，如果可以制造出某种更精良的发动机，我的想法就可以被实现，于是我要继续开发出一种更好的发动机，它能以节约的方式将热转化为动能。这种发动机的特点是它运转的活塞是完全独立于其他部分的，但活塞却能自由而高速地振动。制造这种发动机过程中遇到的难题是超出我的预期的，所以进展十分缓慢。这个研究一直持续到1892年年初，那时我去了伦敦，看到了杜瓦教授的令人钦佩的液态气体实验。其他科学家也曾获取过液态气体，尤其是欧兹鲁斯基和皮克泰[2]在这个领域发展初期就做出了值得称赞的实

---

[1] 卡尔·林德（1842—1934年），德国科学家。
[2] 皮克泰（1752—1825年），瑞士物理学家、化学家。

验，但杜瓦的实验让旧的理论焕发出新的光彩。他的实验以一种完全超乎我想象的方式证明了，可以通过将热转换为动能以达到非常低的温度。我完全被他的实验震撼到了，并更加确信我的计划是可行的。于是我再次着手这项研究，并制成了相对完美的"电子振荡器"。在这台机器中，我成功地去除掉了所有的包装、阀门、润滑，快速振动的活塞使系在活塞上的纵向振动的韧性钢轴承被粉碎。将这台发动机与由我设计的特殊发电机相结合，我制造出了效率极高的电动发电机，在恒速振荡的前提下，这台发电机在物理量的度量和测定方面具有宝贵价值。在1893年国际电气大会[1]之前的芝加哥世博会中，我在一次演讲中展示了几款"机械式电子振荡器"，由于当时有其他事务缠身，我没有准备相关的论文。在演讲中我讲解了机械振荡器的原理，但关于制造这台机器的初衷我是首次在这里向大家说明。

按照我原本的想法，为了能获取周围介质中的能量，这个过程中需要五个非常重要的部件组成一部从未出现过的机器，每一个部件都需要重新设计。这台机器需要的第一个部件是机械振荡器，在完成了这个部分后我开始设计空气压缩机，空气压缩机和机械振荡器的某些方面有相似之处。

在制造过程中都出现了类似的问题，但进展得还算顺利，终于在1894年年末，我完成了由这两个部件组成的空气压缩机，它几乎能将空气压缩至任何气压，与普通的压缩机相比它更简洁、更小巧、更高效。然后我开始着手第三个部件的设计，它与前两个部件组合成一台高效而简单的制冷机。但不幸的是在研究过程中我的实验室起火了，我的工人们受了伤，我的研究也被推迟了。

不久后，卡尔·林德博士推出了经过自冷过程而制成的液态空气，印证了冷却过程可以使空气液化。我当时正需要这样的实验来证明能量可以从介质中获得。

---

[1] 国际电气大会，曾于1881至1904年在世界各地多次举办，是一项关于电气领域的科学会议。

用自冷的方式使空气液化并不是意外发现的，而是迟早会得出的科学结论，杜瓦对于这项技术的发现是功不可没的。如此惊人的进展，很大程度上得益于这位伟大的苏格兰人发现的科学成果。然而，林德的实验也是一项不朽的成就。随后在德国开展了为期4年的液态空气制造研究，相比其他国家它在德国更加关注这一领域的研究，随后这个神奇的产品得到了广泛的应用。起初人们对此仍抱有很高的期待，但目前大家对这项工业奇迹已习以为常了。通过使用我改造过的机器，空气制冷的成本将显著地降低，但它的商业利用价值仍是个未知数。使一个物体保持低温与使其保持高温的成本一样高，仍需要用煤使空气保持低温状态。在氧气制造中，电学方法的制造效果是用煤无法比拟的。液态空气不适合用做爆炸物，因为它的低温局限了使用效率，而将其作为动能使用成本又太高。值得注意的是，用液态空气驱动发动机的过程中可以从中获得一定的能量，换言之，是从使发动机保持一定温度的周围介质中获得能量。每200磅重的铸铁发动机可产生每小时1马力的有效功率。但使用者获得的功率与机器损耗的功率是等值的。

这项我研究已久的项目仍有很多内容需要完成。一些机械运转的细节仍有待改进，还需要克服种种困难。即使将所有的预想都一一实现，仍需要一段很长的时间才能制造出能从周围介质中获取能量的自动机。由于种种原因，我的研究被推迟，但从某些方面来看，被推迟也有某些好处。

其中一个好处就是我有了充裕的时间思考这项发展的最大可能性是什么。我一直认为如果实现了从太阳能中获取能量将会创造巨大的工业价值，但后续的研究让我发现，如果我能继续拓宽我的想法，这将创造更大的商业价值。

发现空气中意想不到的特质——奇怪的实验——通过单向电路传输电能——仅通过地面传输电能

另一个好处是我意识到，将电能通过媒介传送到远处是目前人类利用太阳能的最好的方式。我一直认为大规模的工业用电传输是无法实现的，但我的一个发现令我改变了这个想法。我发现在常规状态下是绝缘体的空气在某些条件下能具有导电性能，因此它能传输任何数量的电能。这个方法可以无须使用电线而传输电能，但具有极大的难度。虽然具体的应用方法还暂未成型，但这项技术需要制造并控制数百万伏的电压，需要发明并改进能承受巨大电压的新设备，需要在绝对安全的条件下获取高压电流。这项研究可能需要数周、数月甚至数年的时间。这项研究需要耐心地工作和反复地应用，后来总算缓慢地取得一些进展。经过长期的研究，我进一步取得了一些有价值的成果，接下来我将简单地介绍一些主要的进展。

关于空气导电性的意外发现来自于我在这个特殊领域中长期开展的一项实验。那是1889年，电流振荡领域已取得突飞猛进的发展，这让我打算制造一些特殊的机器以更好地研究电流振荡。由于种种限制，制造这种机器难度极高，需要花费大量的时间和精力，但付出还是有所回报的，我最终得出了几个重要的新成果。通过这些机器，我发现电流振荡可以一种极其特别的高速运动方式作用于人体。几十万伏的电流在当时看来是非常巨大的，但它可以通过人体而并不会造成任何伤害。这种电流振荡会产生其他的生理效果，在进一步研究后可应用于医学。电流在这个新领域中的应用成果已经超乎我们的预期，从那之后的几年里又取得了进一步的发展，并合法地成为医药科学中一个重要的分支。许多曾经觉得无法实现的结果，已利用电流振荡的特性实现了，许多曾经想都不敢想的实验，也得以完成了。记得那是9年前，我将感应线圈中的电流通向我的身体，为一些科学界人士展示高频振荡的电流对人体不会造成伤害，至今我还能回想起人们当时震惊的表情。而现在，我可以没有半点恐惧地将尼亚加拉大瀑布水电站产生的所有电能通过电流传送到我的身体——那可是4万或5万马力的电能。当电线触碰到我的手后，强烈的电流通过手臂和躯干使我产生了剧烈的电流振荡，而我仍然没有感到任何不适。这种可以施加于我身体的电流振荡是这样产生的：用一圈很重的、足以吸附金属的铜线制造电流振荡，将某些高于人体电阻的物质靠近或放置于铜线圈内，并以高温或爆炸的方式使之加热并熔解，在这个空间内就产生了极具毁灭性的振荡，但我在接触到这个振荡后不会受到任何伤害。

我的另一个发现是，灯可以利用这种电流振荡以一种更节能的方式发光，最终灯可以在真空管这种理想化的状态下发光而无需更新灯泡或白炽灯丝，这种技术还可以应用于高楼大厦内部的电路。随着振荡频率的增加，灯的亮度随之增加，所以其商业价值在于如何以较低的成本制造高频率的电流振荡。最近，在这个研究方向上已经出现很多可喜的成果，相信这种新的照明系统不久后就会出现了。

这项研究让我发现了很多有价值的观察和结果，其中一个最重要的成果是印证了用单线路代替回路提供电能的可行性。起初，我通过这种新的方法只能传送很少量的电能，但经过努力后我获得了更大的成功。

正如下图及其下方的注释所示，其中的电流传输过程其实是应用了另外一些实验中的设备。我于1891年首次在科学界展示了关于这个设备的最新进展，当时这台机器仅仅能点亮一只灯泡（当时已经觉得是很不可思议的了），但现在它已经可以轻松地以同样的方式点亮400或500只灯泡，甚至还可以更多。事实上，这种方式能为电器设备提供无限量的能量。

在印证了这种电流传输方式的可能性后，我很自然地想到了将地球作为一个导体，这样就无需使用电线了。任何电流都像一种不能被压缩的液体，而地球像一个巨大的电量蓄水池，如果使用一台特定的电器设备就能更有效地使电流产生振荡。接下来，我就着手于制造一台能高效地引发地球内的电流振荡的特殊设备。这个方向的研究进展十分缓慢，最终我成功地改进了一台能实现这种特殊功能的新式变压器（或感应线

一个用单线路代替回路供应电能的实验

如图所示,将一个普通的白炽灯的一端或两端连接在电线上,这些电线组成一个上方自由的线圈。电子振荡器产生的电子振荡通过线圈传导至电灯并将其点亮,这仅仅使用了总能量的千分之二。

圈）。这种变压器非常实用，它不仅能为精密的仪器传送少量的电能，还能传输大量的电能，正如下图的实验中用同样的设备完成大量的电能传输。如果不在线圈末端放置一条电线或金属板，实验的结果会更显著。

一个用地面代替电线传输电能的实验

  图中线圈的下方的终端与地面相连，它的振荡已调整至与远程电子振荡器完全一致。被点亮的灯位于一个独立的电线回路中，电子振荡由电子振荡器通过地面传送至线圈并引发电磁感应，这种电磁感应为电灯提供了能量，这仅仅使用了总能量的百分之五。

"无线"电报——调频的秘密——赫兹研究中的错误——具有超强敏感性的接收器

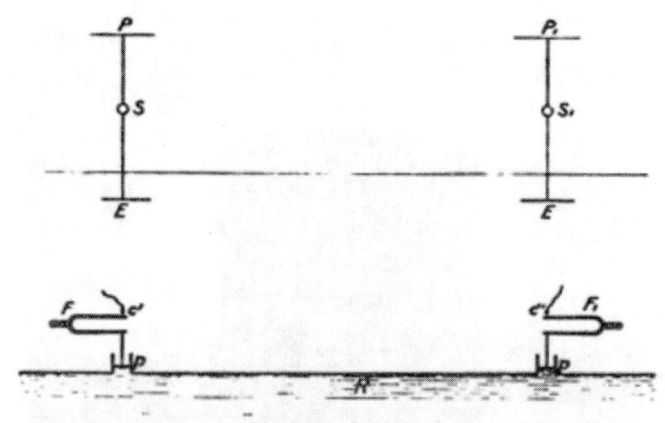

示意图c:"无线"电报的机械原理图示

无线电报是我在这个领域里获得的首个成果，我曾于1893年2月和3月的两个演讲中对此做出讲解。它的机械原理如示意图c所示，上方是电报中的电路排布图，下方是机械原理模拟图。这个系统的原理非常简单。假设有两个音叉分别为F和F_1，一个是发射站，另一个是接收站。每一个音叉的下方叉尖连接着放置于圆筒中的活塞p。这两个圆筒与巨大的蓄水池R相连通，蓄水池R带有有弹性的开关门，在门关闭后蓄水池可以被一种很轻的、不可被压缩的液体注满。在反复敲打其中音叉F的其中一个叉尖后，下方的小活塞p就会振动，这些振荡通过液体传送到远处的音叉F_1，而音叉F_1的音频被调整至与音叉F相同。音叉F_1也开始振荡了，如果远处的音叉F继续被敲打，音叉F_1的振荡将增强。如果音叉F_1上方的叉尖与静触点c''相连，这样一些电器设备就可以记录这些信号。通过这个简单的方式，信号可以在两个站点之间交流，如果在音叉F的上方叉尖上放置相似的触点c'，这样两个站点的设备可交替地成为接收站和发送站。

图示上方中的电路图采用了相同的原理，两条电路分别为E、S、P和E_1、S_1、P_1，它们在垂直方向上的高度代表了两个音叉以及与之相连的活塞。两条线路通过金属板E和E_1与地面相连，并与高处的用于储存电量、增强效果的金属板P和P_1相连，在这个图中，带有弹性开关门且关闭着的蓄水池R由地球代替，而液体由电流代替。这两个经过"调频"的电路其运作原理与两个音叉完全一致。但不再需要敲击发送站音叉F产生电流振荡，而是由线路中的信号源S在垂直的发送线路E、S、P中产生，振荡通过地面传送到远处垂直的接收线路E_1、S_1、P_1，并以相同的方式引起了电流振荡。E_1、S_1、P_1线路中包括了一个感应装置（接收器）S_1，用于发射指令并控制其他装置。每一个站点都提供了电流振荡源S和感应接收器S_1，这样两条线路可以交替地发送和接收信息。

两条电路具有一致的频率可以有很多优势，在实际应用中是非常重要的。在这方面也存在一些常见的错误，一些相关的科学报告认为这些电路和装置本身就有这些优势，但很明显这是不可能的。想要达到最佳的效果，每一条线路从地面到顶端的长度要等于电路中电流振荡波长的四分之一，或等于这一长度的奇数倍。如果不知道这个规律，就无法避免干扰和确保信息的私密性。这就是调频的秘密。要想获得最令人满意的结果，就需要低音频的电流振动。常用于实验的赫兹火花装置能产生频率非常高的振动，但它不具备调频的功能，所以一些微弱的干扰就足以使信息交流无法进行。从科学的角度来看，高效的装置应该具备精准调试的功能。而后，如下图所示，我们用改进过的装置反复进行实验，你可以通过图下的注释了解实验的成果。

线圈对电子振荡做出反应的现场照片

如图所示,这些被调整至不同振荡的线圈,对电子振荡器通过地面传送的电子振荡做出反应。右边的大线圈被调整至每秒5万次的基础振荡频率,发射出非常强烈的电流;两个直立的大线圈的振荡频率是基础频率的2倍;小一点的白线圈的振荡频率是基础频率的4倍;其他的小线圈具有更高的振荡频率。由振荡器产生的振荡是非常强烈的,它能让小线圈具有26倍的基础振荡频率。

我经常会注意到无线电报原理中的某些特质和元素是曾应用于其他领域的,而大家却普遍认为信号是经过"赫兹"辐射传送到远方的。这只是关于这位已故物理学家提出研究理论的误解之一。大约在30年前,麦克斯韦[1]在法拉第[2]于1845年进行的实验的基础上,发现了一个与光、辐射热和电息息相关的理论,他认为上述的现象都是由"以太"这种虚拟的稀释液体的振动引发的。当时还没有相关实验证

---

[1] 麦克斯韦(1831—1879年),苏格兰物理学家。

[2] 法拉第(1791—1867年),英国物理学家、化学家。

实这个理论，直到后来，赫兹在亥姆霍兹[1]的建议下进行了一系列相关的实验。赫兹在实验中运用了超乎寻常的创新和洞察力，但他没有花太多的精力对实验中所用的旧机器进行改良。他没有考虑到空气在实验中的重要性，而我在后来的研究中发现了这一点。在反复地进行了赫兹的实验后，我得出了不同的结果，在此斗胆指出他的疏忽。赫兹正确地预估出他使用的电流的振荡频率，这强有力地支持了麦克斯韦的理论。但我认为他其实不能得到这个频率。我用了和他使用过的同一款设备，但振动频率却缓慢了很多，因为空气就像流过振动音叉的液体，会使快速的高压电流振荡放缓。从那以后，我又发现了其他的一些错误，于是我不再将其视为麦克斯韦理想化理念的实验成果。这位伟大的德国物理学家的成果促进了当代电学研究的发展，但同时由于人们过度着迷于他的成就而难以进行独立探究。人们试图将每一个新发现套用于已有的理论，所以真理往往在无意中被歪曲了。

当我在研究电报系统时，我一直在想如何能通过电报在地球的任何位置进行交流，最终我取得了巨大的成功，因为我不忍心看到这项技术无法被人们成功地应用。我当时的第一个成果是，运用调频后的电流在远程的中继站之间传输信号，在我的控制之下即使用温和的电流也能使之完成。我相信，信号可以在不使用中间站的情况下，通过特殊设计的机器传送到世界的任何角落。我发现的单向电流现象使我对此更加确信。我曾在1892年的一次演讲中为科学界人士们介绍了这个现象，我将这个现象命名为"旋转刷"。这是一束放在真空管里的灯，它对于磁和电的影响具有超乎寻常的敏感性。在地球磁力的影响下，光束以每秒2万次的高速频率转动，北半球的旋转方向与南半球的截然相反，在磁赤道区域应该是完全不转的。如果是在最极端的情况，灯束将在电和磁的影响下产生非常剧烈的反应，但很难达到这种效果。仅仅是来自站在远处的一个人体内的持续而微弱的电流，都会

---

[1] 亥姆霍兹（1821—1894年），德国物理学家、数学家，"能量守恒定理"的创立者。

对灯束产生可以觉察到的影响。在这种高度敏感的状态下，我们能感知到地球中发生的极其微弱的磁和电的变化。这个神奇的现象给我留下了非常深刻的印象，让我知道了远程通信是十分容易被影响的，也证明了机器是能够在地球或周围介质中制造电和磁的改变的。

新原理的发展——电子振荡器——制造剧烈的电子运动——地球对人类的回应——可实现的星际通信

我决定要继续努力完成这个有挑战性的任务，这需要付出很多，因为这其中的难题可能需要几年时间来解决。这意味着我要暂时放下其他重要的工作，但我相信我的付出是会有所回报的。我意识到一台能高效制造剧烈的电流振荡的机器是解决重要电学问题和人类问题的关键。它不仅可以应用于远程无线通信，还能应用于传输大量能量、燃烧空气中的氮、制造高效的发光体以及创造无限的科技和工业价值。最终，我用了一个新原理来实现了这个难题，这个原理是建立在电容器非凡的特质之上的。其中一个特质是，它能在极短的时间内释放或爆发出储存的能量。其他爆炸性的效果是无法与之比拟的。相对于这种释放，炸药的爆炸只是一次结核病人的喘息。通过这种方式能释放出最强烈的电流，最高的电压，在媒介中引起最剧烈的动乱。它的另一个同样重要的特质是，它能以任何的振荡频率释放能量，最高可达到每秒数百万次。

当我在尝试多种方法后仍在频率方面无法突破时，我突然想到了可以应用电容器的特质。电容器在由结实的电线组成的线圈中快速交替于充电和放电过程，形成了一个基本的变压器或感应线圈。电容器在每次放电时会在第一根电线中振动，并引发第二根电线的振动。这样，在新原理之下的变压器或感应线圈就诞生了，它被称为"电子振荡器"，它与电容器具有同样的特质，但它能产生独一无二的效果。曾经梦寐以求的电学效果，以及超乎想象的剧烈效果，现在可以轻而易举地由这类机器产生，并在多种技术之中得到反复应用，机器中最重要的部分如下图所示。在某些情况下，它需要很强的感应效果；在另一些情况下，它需要很强的爆发性，或高频率的振荡，或在极压状态下；有时，也需要剧烈的电子运动。下面几幅图中的实验都使用了这台振荡器，这些实验展示振荡器的部分特点及其产生的效果的剧烈程度。这些图片下方的注释已介绍得非常完整，在此无须赘述。

文中提及的实验里使用的电子振荡器的核心部分

在各国家之间建立永久的和平关系能最有效地减少阻碍人类质量增加的力，并能有效解决这个人类的难题。我们能实现全世界的和平吗？让我们一起拭目以待。当科学之光驱散了人世间的黑暗，当所有的国家变为一个整体，当大家具有同样的信仰、使用同一种语言、居住在同一个国家，那时我们的梦想就变为了现实。

一个使具有巨大能量的电子振荡器产生感应效果的实验

照片中有三盏达到最大亮度的白炽灯,使之点亮的电流来自一个50英尺见方的单线回路,电灯位于电路之中,并且在100英尺之外有一个由振荡器提供能量的主要电路。回路中包括一个电容器,并将它的频率调整至与电子振荡器一致,这个过程仅使用了少于百分之五的总能量。

一个用于展示振荡器能引起强烈电爆炸的实验

照片中的线圈产生了电流交替运动,电流在地面与巨大电容器之间以每秒10万次的频率交替往返。每一次的交替运动使电容器被填满,当电压达到最大值时就瞬间爆发出来。电流在释放时伴随着震耳欲聋的噪音,并撞击到22英尺之外的不相连的线圈,地面中的电流异动使距离实验室300英尺之外的水管能喷出1英寸高的水。

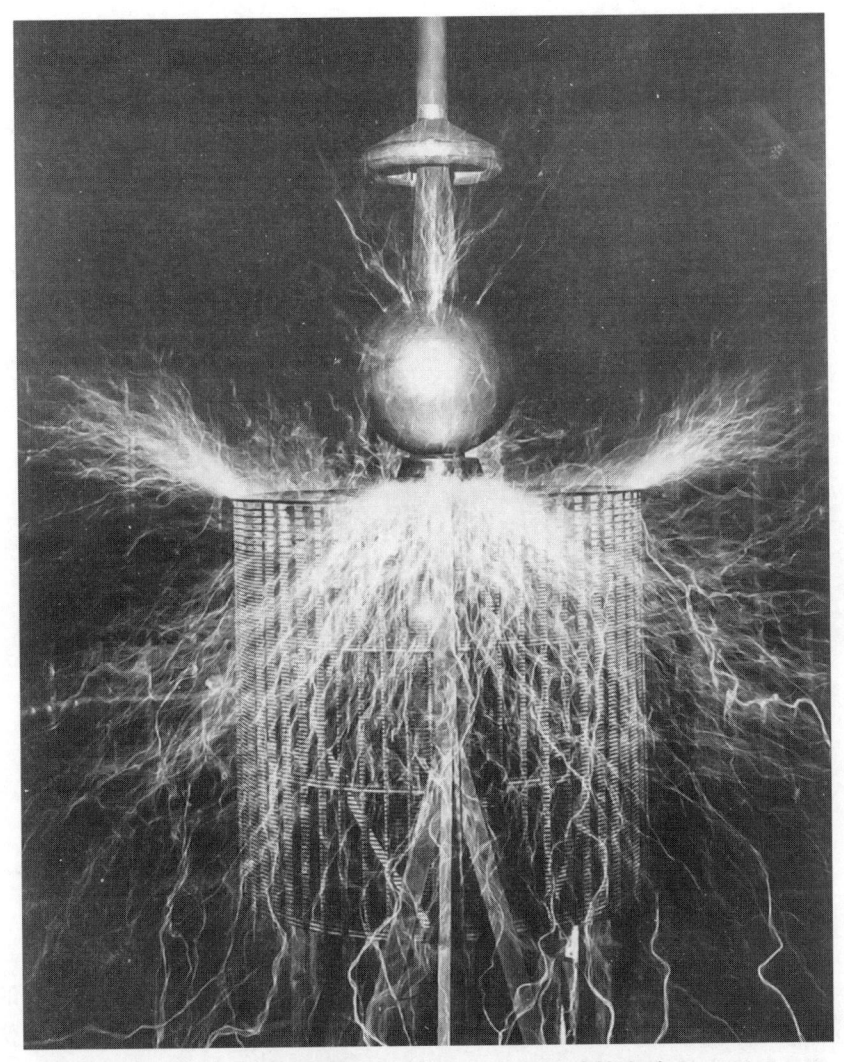

一个展示振荡器能产生剧烈电子运动的实验

照片中被抛光的金属层包裹着的球是一个巨大的蓄电装置，其表面积为20平方英尺（1平方英尺=0.09平方米），它的下方是一个翻转过来的用锡制成的托盘，托盘具有锋利的边缘和大大的开口，这样电流在将蓄电装置填满之前就可以迅速逃离。尽管大部分的电已经从托盘的边缘和开口流失了，但运动中的电量仍然非常巨大。那个球，即蓄电装置，以每秒15万次的频率不断地在清空、填满、溢出（从球的顶端释放出来）的状态下交替。

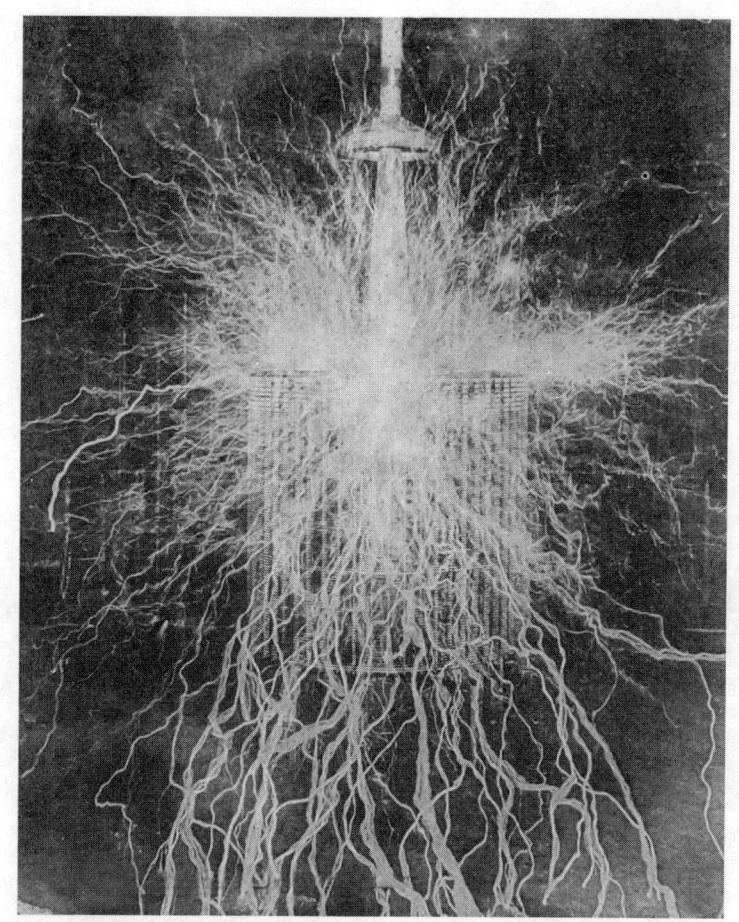

电子振荡器以7.5万马力的功率释放能量的实验现场照片

在电流释放过程中,空气由于受热而产生强烈的气流,并从房子开着的屋顶释放出去。这个电流释放现象的最大宽度接近70英尺。电压超过1200万伏,电流交替速度为每秒13万次。

无论结果看起来多么令人惊奇,但与在相同的原理下制造的特殊机器产生的效果相比,这些只是些微不足道的小事。我制造出的放电现象其实际路径的全长大约超过100英尺,要想达到100倍的长度也绝非难事。我也曾制造出大约10万马力速率的电子运动,而速率达100万马力、500万马力、1000万马力的电子运动也是可以轻松实现的。这些实验效果比任何人类过往产生的效果更剧烈,对于未来,这些只是萌芽阶段的成果。

通过这种设备实现的无线远程通信技术已无须多加证明，但我的一个发现让我对此深信无疑。我用大众化的方式来解释一下吧：当我们提高音量并听到回音时，我们就会知道声音是遇到了某个远处的墙或是某个边界，而从那里以相同的路径反射回来。与声音相同，电波也是可以被反射的，正如我们可以听到回音，我们也可以收到一种"静止的"电波——一种具有固定的节点区的电波。不同于向远处的墙发射声音振动，我向着远处的地球边界发射电子振动，地球是有回应的。我收到了一种静止的电波，是从远处反射回来的电波。

地球的静止电波不仅可应用于无线远程通信，它能让我们获得很多重要、不可思议的效果。比如，我们可以从世界任何一个地方的发射站任意地制造电流效果；我们能判断出一个移动物体的相对位置和移动路径，比如可以监测海中的舰艇的移动距离和速度；我们还能以任意的速度向地球上空发射电波，从最慢的龟速到最快的光速，任君选择。

在这些发展的基础之上，我们相信在不远的将来，电报信息可以无线传输的形式漂洋过海。近程的沟通只需要用"无线"电话，而不再需要专业的电话操作员。如果我们想使信号跨越大的空间，就更加需要无线的通信技术。电缆不仅易损坏、易消耗，它还限制了传输速度，因为其中一部分电流的性能在电缆中被消耗。一个能实现无线通信的设备应该能达到电缆数倍的工作效果，而其成本也相对较低。在不远的将来，在有线通信还没有完全过时的时候，无线通信作为一种新的信息传送方式，它更快速，成本更低，而且更安全。我已经发明了隔离信息的新方法，它能达到接近完美的私密性。

目前，我发现上述这种远程通信距离的最大极限是600英里，但由于振荡器产生的振动是没有极限的，所以我坚信能实现跨越海洋的通信设备迟早会出现。不仅如此，通过我的测量和计算，在这些原理的支持下，我们可以从地球发射强烈的电子运动，而距离地球较近的金星和火星是可以接收得到的。由此，星际通信也是有可能实现的。事实上，我们可以干扰地球中的电流，以这种新的方式在某个星球上制造一种特殊的效果。实现这种通讯的方式是一种前无古人的全新尝试。在过往提出的一些方法中，只有一小部分的能量能够通过反射器到达其他星球，由某种设备监测并使用这种能量。但如果使用我的方法，更多集中在设备中的能量可以传送到其他星球，其产生的影响将增至数百万倍。

除了能为所需的动力制造振动的机器，我们还需要一些能对地球产生微弱影响的精密的设备。为了达成这个目的，我改进了新的方法。通过这种方法，我们能在海洋中监测到遥远的冰山或其他物质。除此之外，还能通过这种方法发现地球上一些未知的现象。我们确定可以将信号传送到其他星球，但是否能收到回复仍存在不确定性：人类不是宇宙中唯一具有思维的生物。

通过无线技术向任何地方传送电能——目前的可行性——增加令人类质量增长的驱动力的最佳方法

在这些研究过程中获得的最有价值的观察是，大气对于过量的电动势的电子脉冲会产生异常反应。实验显示，普通气压下的空气具有明显的导电性，这就能通过无线技术将大量的工业用电传送到远方，曾几何时，人们以为这只是一个科学梦。通过深入的研究发现，空气的导电性在数百万伏电子脉冲的作用下会随着空气稀释的程度迅速升高，所以在更易于接近的中等高度的大气层具有比铜线更好的导电性。

关于大气这个新特性的发现，不仅使远程无线传送大量能量变成了可能，更为重要的是，它让我们能通过这种更节约的方式传送能量。对于这种新的传送方式来说，传送至几英里或几千英里的差别不大。

事实上我还没有成功地通过这种新方法向远方传输大量的能量，这种大量的能量通常属于工业用量，但我利用了同样的原理制造了一些模型设备，新方法的可行性可以通过这些设备呈现出来。实验表明，两个终端站的海拔位置需要在3万至3.5万英尺以下，在1500万至2000万伏的电压下，数千马力的能量能传送至数百英里甚至数千英里之外的地方。我希望能显著地降低终端站所需的高度，由此我想出了一个解决方法。人们总是对于使用数百万伏电压存在偏见，认为那会在数英尺之外引起火花，但这却是自相矛盾的，正如我在一篇科学论文中提到的，这种新方法比目前城市中应用的普通的电流传输方法更为安全。事实显示，在我进行这个实验的数年时间里，我和我的助手们都安然无恙。

但想要将这种方法具体地实现出来，还需要满足很多条件。仅用理论支撑新设备的开发远远不够。这台机器必须在非常节约和可行的条件下实现电能的转换和传送。此外，要让那些专注于开发水能或其他自然能源的工厂看到新方法的优势，使他们获得比开发当地能源更多的投资回报。

当我们发现较低的、更易于接近的大气层具有导电性后——这与我们已有的观点截然相反——无线传送电能技术已可以在工程中得以应用，并成为最为重要的一项技术。这项技术的成功应用能使地球上任何一个角落的人们获取能量，这种能量不是通过适当的机器从周围介质中获取的少量能量，而是如水力发电站产生的大量的甚至是无限量的能量。能量输出将成为美国、加拿大、中美和南美国家、瑞士和瑞典等国家的主要能源收入。人类可以在任何地方定居，仅花费很少的力气就能为土壤施肥、灌溉，将贫瘠的沙漠变成花园，地球将变成更适合人类生存的星球。很可能住在火星上的聪明的生物在很久前就知道了这种方法，这也许就能解释为什么天文学家会发现火星表面发生了变化。火星上的大气密度比地球上的小很多，这会使能量传输变得更加容易。

在不久的将来，我们能制造出一台可以从周围介质中获取适量能源的自动热能机。我们也有可能——虽然是极小的可能——直接从太阳获取电能。如果麦克斯韦定理是正确的，即所有频率的电子振荡都是来自于太阳，这项技术才有可能实现，威廉·克鲁克斯爵士[1]通过

---

[1] 威廉·克鲁克斯（1832—1919年）：英国物理学家、化学家。

他伟大的发明"辐射计"向我们展示了，在干扰机械效果时会产生射线，这让我们发现对于太阳射线的新应用。这也让我们发现了一些新的能源，以及从太阳获取能源的新方法，与这些成就相比，通过介质远程传输能量显得更为重要。在科技领域，似乎只有这项技术能最有效地将关于人类生活中的一切联系在一起，能为人类增加并节省人类能量。这会是增加令人类质量增长的驱动力的最佳方法。这方面的进展会给人类带来无穷无尽的益处。如果世界的任何地方都可以通过自动热能机在周围介质中获得有限的能量，这同样能使人类受益。人类的能力会得到提升，但人与人之间仍然是陌生的。

这些在我看来显而易见的、非常熟悉的成果，很多人仍然未对此做好心理准备，并觉得是遥不可及的事。无论是存疑或是持反对意见，抑或是迅速地接受和热情地拥护，这些对于人类的发展都是非常有必要的。一个物体起初是拒绝受力的，但它一旦运动起来，能量就会增加。科学家们并非急于求成。他们并没有期待人们已做好准备接受他们先进的理念。对于未来，他们的成果像一台播种机。他们为后人打下基石，指明方向。我们继续生活着，工作着，希望着，正如诗中描绘的：

> 每日的工作，繁忙的双手，
> 完成工作是最纯粹的喜悦！
> 请不要让我老去！
> 不！不应该做白日梦：
> 看！那些树看起来是光秃秃的柱子，
> 但终将变为食物和住所！
>
> ——歌德《希望》

（本文原载于1900年6月的《世纪杂志》上，文中首次公开了作者的电学实验图片。）

附　录

电气照明的危险[1]

最近大量言论和文章在讨论高压电流及其很可能或者有可能给人们生活造成的危险。有些人所处的社会地位使他们总能围绕时下议题侃侃而谈。这些人众说纷纭，却让缺乏科学知识的大众，无法据这些"专家"证词，得出任何明确结论。最为不幸的是，为证明真相而进行实际论证时，我不得不采取了一种惨痛的方式，不亚于几年前上千人在纽约所目睹的那一情形[2]；可若这个可怜的殉难者其牺牲能换来今后实施严厉的生命保护措施，若人们能完全吸取这一致命的教训，那么其牺牲便不会白费。随着电气照明的普及（今天电气照明的应用程度仍然较为有限，未来其广泛应用是不可避免的）以及电线的增多，现在存在于纽约1000处不同地方的危险将会成倍增加。事实上，由上述因素引起的事故的复发率几乎是无限的。

对此，我深信不疑，因此我才会写这篇文章。否则，我不会讨论这个话题。公众对致使我采取这一立场的细节以及我所得出的结论，并无什么兴趣，因为其中涉及大量复杂的内容，包括数月来他们一直试图理解和消化的东西；而且，我不但解释不清楚，还只会成功地增

---

[1] 托马斯·A.爱迪生著。

[2] 在交流电出现之前，爱迪生的直流电一直是美国的标准配置，而爱迪生解决传输问题的方法就是尽量让发电装置和用电设备的距离不要太远。爱迪生想方设法向公众展示交流电的缺点，并派人做了不少实验，当众用交流电去电击猫、狗以及马，证明交流电没有直流电安全，这些情景被报道出来后，引起了市民的恐慌。20世纪初，交流电胜局已定，爱迪生为了证明交流电的危险性，在纽约著名娱乐区科尼岛的广场上使用6600伏交流电对一头被认为威胁人类的马戏团大象实施电刑，大象瞬时倒地，当时现场有数千人围观。其助手哈罗德·布朗利用交流电发明了新的设备——电椅，把死刑犯电击致死，以展示交流电的危险之处。但交流电还是以胜利告终。

加目前各种流行观点所造成的混乱。但是我要说的是我找到了支持上述事实的实际论证,我牺牲了生命——不是人类的——我相信,我完全了解结果会证明我这样做是合理的。目前用于电气照明的电流大致分为四类:

第一类,低压直流电。电压不超过200伏特,用于白炽灯照明。

第二类,高压直流电。电压在2000伏特及以上。

第三类,高压半直流电。电压在2000伏特及以上。

第四类,交流电。电压在1000—3000伏特之间或以上。

第一类无害,通过人体时不会引起不适。第二类有生命危险。带第三类电流的导体,瞬间接触便会引发瘫痪或死亡,正如频繁发生的这类事故。第四类,即交流电,通过任何活体时,活体都会瞬间死亡。

这些是无可反驳的事实。近百人的死亡记录,无可争辩地证明了这些事实。讨论和争议也许会推迟大众对这些事实的接受,但却无法改变事实;而人们越早接受这些事实,越早依据这些事实行事,之前的惨案复发的可能性便会越小。那些目睹过或阅读过这桩惨案的人们依然对其记忆犹新。

经常有人问起,为何在纽约这类事故的数量多于其他任何一个城市。原因在于在纽约每平方公里的面积上电线的数量要多于美国其他任何一个城市。如果其他城市所架设的电线数量与纽约一样,其死亡百分比便会赶上纽约;然而,如果电气照明在纽约的应用也成比例地增加,就目前电气照明的情况来说,当其他城市达到纽约目前死亡率时,纽约的死亡率早已成倍提高了。关于如何解决现在的不幸才是最好的方式,已经有大量意见提了出来。呼声最大的似乎是"将电线埋在地下。"但这样做不但不会降低危险,反而会给人们的生命和财产带来更大危险。已知绝缘材料中没有一种能够永久隔绝这些高压电流。电线铺设在地下后,就目前的电缆管道系统而言,将会存在大量的接地,电线融合并形成强大的电弧,这些电弧会延伸至同一管道中其他金属导体上,从而使全部电线都接收到这种危险的电流,然后将其传送至房屋、办公室、商店等处。因此，这类电路的危险之处并不局限于传输高压电流的电线，其他传导无害电流的电线也可能具有同前者一样致命的危险，这点显而易见。还有一个显而易见的事实，即传输高压电流的单根电线会对同一导管中的其他所有电线构成永恒威胁。即使这些危险的电线与同一导管中的其他电线分开，置于相互隔离的管道中，风险依然不会降低。

有几个例子有案可查，其中一个我印象尤深，它表明了电线交叉可能引发严重事故。在纽约威廉与华尔街街角附近，爱迪生照明公司的地下导体发生交叉，从导体中穿过的电流电压只有110伏特，但不仅烧熔了电线，还烧熔了导体外面包裹的几英尺厚的铁管，并将半径三四英尺范围内的铺路石变成了一堆融化物。系统这样布置非常可靠，消费者不会受到这类事故的影响。对公司而言，这类事故也许是，确实是一种损失，但是公众受到危险的可能性则为零。电线以这种方式交叉意味着将几百马力的能量聚集在一个狭小的空间。如果电压不是110伏特，而是2000伏特，那么我所描述的这种交叉会产生什么后果？如果这一事故发生在一根电缆导管内，导管与成百上千条电话线及其他电气照明系统的电线距离极近，结果又会怎样？还有一个事实也会极大增加事故风险，即由低压系统供电的消费者知道家用电器没有危险，所以习惯随意进行操作。如果使这些电器变得随时都会威胁生命，其结果将是骇人的，且不说这对无害电供应商并不公平。截至目前，高压电导致的死亡主要发生在电气照明和电报公司的员工身上。他们的工作使他们需要靠近通有致命高压电流的导体。尽管大量事故——其中大多数导致了死亡——确实由电线掉落引起，使走在纽约或其他城市街上的行人成为受害者。但目前电力系统使公众遭受的风险确实比这些危险的电线距离地面较近时要低。电线越接近地面，危险就越大。有一种错误的观点是：通过一根湿线或者液体使两条电线发生连接或交叉与在空中将一根电线与另一根相连效果相同。这种错误判断不只限于公众，纽约市的官员们也是这样认为，这点从10月14日，星期一纽约市长在电气控制董事会上公布的决议显而易见。决议内容如下：

"过去30天里，电和电线的问题导致大量死亡发生，这些事故发生的方式令人震惊，充分证明我们将高压电线转至地下的速度还不够快，不足以保证生命、人民和这座城市的安全。"等等。

据此进行合理推理：一旦电线被转到地下，人民的生命便会得到安全。如果纽约市有一座硝酸甘油工厂，人们想消除这一危险，没有人会建议将它转至地下。

之前，为保护员工和公众安全，必须调控纽约市锅炉的压力，当时当局采取的措施完全不同于其随后在电压问题上采取的做法；尽管两种情况相似，当时经过论证后，制定了完美的方法来限制蒸汽压力、确保定期检查，我们应该回溯一下这一论证过程。而电压目前是不受控制的，它远比蒸汽压危险得多，但在避免高压危险时，当局还未验证原理是否可靠就贸然采用了。通有高压电流的电线，采用最佳方式绝缘时，绝缘材料也许可以保证暂时安全。但由于电流对绝缘材料的持续作用，材料自身分子结构的改变，以及其他原因，随着时间流逝，材料必然会出现瑕疵。通电导体中的脉动会引起绝缘材料发生相应脉动。导体中的脉动作用非常强大，可以使绝缘材料的脉动与电流的振荡完全一致。只要绝缘材料保持最初的弹性，电流便能被隔绝，但空气、气体及其他介质的作用，都会改变其弹性。而它受到数亿次振荡冲击后，会变得易被静电火花刺穿。这样就为湿气提供了入口，这样的入口不止一处，而是大量，通过这些入口，电流可能传到附近任何有接触之处的导体上，或者通过一根湿线或电弧在两者之间形成回路，这些都将产生破坏性后果。过去一年中，纽约市发生的许多事故都表明了随着时间流逝，电线外面的绝缘材料性能会变化。电线架设之初，某种程度上，电流是被有效隔绝的。但空气持续作用，加上材料更可能受到擦伤，如果没有一个真正的控制办法，那么随着时间流逝，大量事故将会发生，其原因不只在于材料的恶化，还在于为大众供电所用的线路数量会成倍增长。我可以向公众保证，将这些电线埋到地下绝对不能保证安全。湿气凝结、水分进入、煤气溶入、空气氧化，这一系列过程发生在各种绝缘材料上，最终将通过电话、低压系统、高压电设备本身等，使检修孔、房屋、商店、办公室里的人们触电死亡。我不是在危言耸听，我相信也没有人会认为我是在危言耸听。如果我们从最近的情况看到了未来的一些可能性，那么我们每个人都再清楚不过，当局是时候应该采取恰当有效的措施来保护人民生命和财产安全了。我对这方面很熟悉，很清楚唯一的真正的解决之道是调控电压。当电压降低到无害的程度后，公众便即刻处于安全中了，剩下的就让电工们去讨论各种绝缘方式的优劣吧。此时，只有从事电力商业的人才会关心绝缘材料出现的这些瑕疵。没有任何借口，不论出于科研还是商业角度，能够证明使用高压交流电是合理的、必要的。采用高压交流电的目的仅仅是减少在铜线和房地产方面的投资成本。例如，通常，每个电路中有40盏弧光灯；每盏灯需要50伏电压；因此整个电路的电压为2000伏。现在，如果不再用一根电线来连接所有灯泡，而是将过去一个电路中的灯泡分到四个电路中，使每根电线的电压只有500伏，那么，各连有10盏灯的这四个电路所必需的铜线的重量将为连有40盏灯的一个电路所需铜线重量的2.5倍。正如我所说的，这只是投资成本的问题。采用高压交流电和高压直流电系统，如我所言，也是为了节约在房地产和铜线上的投资。如果在某个地区通电，发电位置自然应该选在该地区中心，然后由向供电区外围辐射的电线将电力输送出去。那么，如果使任何一个通电地区中电力输送的覆盖范围都不大，从而不必一定借助高电压才能达到供电要求，将单个发电站的输电量限制在安全的范围内，由该发电站向其他发电中心供电，再由中心为其他区域供电，那么高电压便没有必要了。但是这类中心的房地产价格高昂，如雨后春笋般层出不穷的电力公司的推销商们定然不会接受长期的高昂成本，保障公众安全、满足小用户要求或其他这类问题都可能增加投资成本。转到郊区，土地自然便宜，或者一些荒废的建筑便能安置几台发电机，但是他们却向供电区拉一些细小的电线，要将电流通过这些细小的电线输送那么长的距离，必然要采用高电压。上一期《电世界》第254页刊载了法国科学院成员M.达松伐耳的一系列实验，其实验表明了"直流电和交流电对动物的影响"。他说道："生物首先能够感觉到电流的变化，由此说明，在平均电压相等的情况下，交流电比直流电更加危险。"又说道："只有长时间反复切断电流时，一节420伏的电池（直流电）才会造成死亡。"换而言之，420伏的直流电发生中断或变得不连续时——也许称其为半直流更合适，才会有致命的危险。可变电流的产生便意味着电压在不同极值之间波动。如果电压完全恒定，那么电压在一定范围内时，人类的神经系统不会觉察到直流电流的通过。获得恒定电压，需要增加发电机上整流条的数量。装在旋转的整流器上的电刷将发电机产生的电流传导至外部系统，电刷交替落在不同的整流条上。整流条数量越多，电流波动便越小，这种情况好比波浪的波动，起起落落并产生这位法国科学家所提到的可变状态。

用于为弧光灯供电的发电机，整流条的数量几乎都不足以产生恒定的直流电。不过其电压的可变范围几乎与交流电系统中电压的变化范围大小相同。关于交流电系统，M.达松伐耳说道："一台格拉姆[1]交流发电机曾在平均电势高于120伏时，便导致了死亡事故的发生。"自最近一些人伶牙俐齿地声称1000伏的交流电无害以来，这组文章是对这个问题的一次审视。我亲眼看见一只健康的大狗遭168伏交流电袭击后立刻死亡。计算交流发电系统中可变电压的范围很简单。交流发电机没有整流器，靠电枢或"线筒"的旋转先将整个电流，在比如说2000伏的电压下，沿某个方向发送到电线上，然后将整个电流方向反转，在同一电压下朝另一方向发送出去，或者说使其沿反方向流经该电线。一般来说，每秒大约发生100次反转。

2000伏可变直流电是指其电压通常会从0伏上升到2000伏，之后，由于换向器的作用，电压将在比如说1700—2000伏之间变化，而2000伏可变交流电指的是电压在正2000伏到负2000伏之间波动，极值

---

[1] 齐纳布·格拉姆（Gramme, Zénobe Théophile），比利时—法国发明家，发明了电动机。

之差为4000伏。电流的致命程度基本与电压的变化程度成比例。15伏的交流电以最有效的方式电击人体时，对神经系统的强烈刺激及产生的剧痛是任何人都完全无法承受的。

　　正如我之前所说，确保安全的唯一途径是限制电压。直流电的电压应该限制在600伏或700伏，可变范围不超过几伏。至于交流电，我难以指定一个安全的电压值。它能够极大地影响肌肉的活动，即便手中握着电压极低的导体，也无法自主活动，将导体丢掉。在这种情况下，人类敏感的神经系统很可能发生长时间休克，从而导致死亡。

　　我入股的电气照明公司前一阵购买了全套交流系统专利，从会议录上可以看到我对这项行动发出了抗议。到目前为止，在我的抗议下，该系统一直未向公众出售，当然没有我的同意，公司也无法这样做。我个人希望能够彻底禁止交流电的使用。交流电没有使用的必要而且十分危险。纽约的街道下面分布着数英里长的导体，这些导体将无害的直流电传送至千家万户；这个系统十分庞大，但最大电压从未超过220伏，从而使通过人体的电流非常微弱，几乎难以检测到。而且，直流系统的商业化也是成功的，因此我看不到有任何必要引入一种既缺乏耐久性又处处对生命和财产构成威胁的系统。

　　这番论证不是为了支持垄断。如果美国电气照明行业会出现垄断，那么像交流系统这类把戏既无法阻碍、阻止垄断的出现，也无法作为局外者存在，因此，从这一点来考虑，也没有理由使用交流电。我一直坚定地反对使用高压交流电气照明系统（尽管其使用不受限制），不只基于危险性的考虑，还因为它们通常不可靠，且不适合任何通用的电力配送系统。

　　看到纽约市官员们为补救电气照明带来的灾难所进行的种种努力，我深受震撼，我想其他旁观者也同我一样。我所指的是将行动的权利置于何处，显然是个难以决定的难题。想要作为的人显然被捆住了手，而情况又十分迫切和紧急，这实在是不幸。英国比较擅长处理这类事情。1882年修订的电气照明法案第6部分规定：

　　"商业局可以时时制定其认为能够保障公众避免人身伤害、火灾或其他灾害的条例……商业局为此制定或修订的任何条例自产生之日起将在各方面与授权营业的原始执照、规则或特别法拥有同等效力。"

该部分同样规定：

"任何地方当局在其行政区内由任何执照、规则或特别法以及在该部分前述规定下制定的保护公众安全的条例所授权供电的区域，可以制定、撤回、修改、废除地方法则以进一步确保上述安全；如果地方当局认为有必要，将简要附上违反这类地方法则的任何细则所应受的惩罚。除非这些地方法则经商业局确认并由商业局授权出版，这类地方法则才会产生效力。"

因此，保护公众安全的酌处权应授予负责任的主体，地方当局（指任何市政当局）有权向商业局申请解除任何其认为与电气照明系统相连的危险。当然，保护市民的责任应该毫不犹豫地承担，被授予这种权力者应制定严格的规则限制电压。或许警方控制会比英国采取的方法更有效。我不完全熟悉纽约目前实行的锅炉检查制度的细节，但我认为它非常有效，并为我们正在讨论的情形提供了一个极佳的模式。

如果当局要求将电压控制在安全范围内，如果有和锅炉检查队伍一样有效的检查人员，确保制定的规则得以实施，那么公众对安全的要求就能实现。但在此之前，我们无法期望近几个月以来伤亡成倍增加的情形有所好转。

（本文原载于1889年11月《北美评论》）